WISSENSCHAFTLICHE BEITRÄGE
AUS DEM TECTUM VERLAG

Reihe Wirtschaftswissenschaften

WISSENSCHAFTLICHE BEITRÄGE AUS DEM TECTUM VERLAG

Reihe Wirtschaftswissenschaften

Band 58

Olivia Oeschger, Thomas Ehret, Michel Meyer

Demotivation vermeiden - wirkungsvoll führen

Angewandte Motivationsforschung am Beispiel der Kulturbranche

Tectum Verlag

Olivia Oeschger, Thomas Ehret, Michel Meyer

Demotivation vermeiden - wirkungsvoll führen.
Angewandte Motivationsforschung am Beispiel der Kulturbranche

Wissenschaftliche Beiträge aus dem Tectum Verlag:
Reihe: Wirtschaftswissenschaften; Bd. 58

ISBN: 978-3-8288-2668-7

ISSN: 1861-8073

Umschlagabbildung: © aluxum | istockphoto.com

Umschlaggestaltung: Felix Hieronimi | Tectum Verlag

Besuchen Sie uns im Internet
www.tectum-verlag.de

Bibliografische Informationen der Deutschen Nationalbibliothek
Die Deutsche Nationalbibliothek verzeichnet diese Publikation in der Deutschen Nationalbibliografie; detaillierte bibliografische Angaben sind im Internet über http://dnb.ddb.de abrufbar.

Management Summary

Abgesehen von ein paar wenigen Exponenten ist in der hiesigen Kulturszene nicht das grosse Geld zu verdienen. Die vielen Mitarbeitenden arbeiten vorwiegend aus intrinsischer Motivation heraus für die „Sache der Kultur“ selbst. Sie sind bereit, viel zu leisten, ohne nennenswert hohe monetäre Anreize. Doch auch diese hoch motivierten Mitarbeitenden werden durch fehlende Tools der Mitarbeiterentwicklung und -bindung immer wieder in demotivierende Situationen gelenkt, was schnell zu einem herben Verlust der eingangs erwähnten intrinsischen Motivation führt.

Die Szenarien des Bundesamtes für Statistik zeigen für die kommenden Jahre eine bedeutende Veränderung für die Bevölkerungsentwicklung auf. Durch mehrere Faktoren beeinflusst, wird die Anzahl der Erwerbstätigen nur noch für wenige Jahre wachsen und ab ca. 2018 abnehmen. Für die Kulturbranche kann dies zu einem grossen Verlust an Fachkräften führen, die dann in Firmen und Branchen abwandern, die über ein mitarbeiterorientiertes HR-Management verfügen und eventuell sogar höhere Löhne bezahlen können.

Diese Arbeit setzt sich mit der Motivation in der Kulturbranche auseinander. Anstatt vertieft auf die Forschung einzugehen, wie Motivation grundsätzlich durch die explizite Auseinandersetzung mit Motivatoren oder Hygienefaktoren gesteigert werden könnte, liegt der Hauptbetrachtungspunkt vielmehr auf dem noch wenig erforschten Gebiet der Demotivation und Remotivation.

Methodisch beginnt die Forschungsarbeit mit der übergeordneten theoretischen Auseinandersetzung mit den Inhalten Motivation, Demotivation und Remotivation, welche jeweils der Mitarbeitersicht wie auch der Unternehmersicht Rechnung trägt, ohne dabei zu werten oder eine Präferenz festzulegen.

In der Theorie zum Thema Motivation beschreiben wir unterschiedlichste Ansätze, die sich vor arbeitswissenschaftlichem, psychologischem oder auch pädagogischem Hintergrund abspielen. Je nach Betrachtungsweise haben einzelne Theorien mehr Aufwind und finden den Weg in die Unternehmen, während andere den Nerv der Zeit weniger treffen und vielleicht erst in den wirtschaftlichen Herausforderungen der Zukunft an Bedeutung gewinnen werden.

Der theoretische Teil zum Thema Demotivation und Remotivation beschreibt die Entstehung von Demotivation und deren Ausprägung auf die personalen, interpersonellen und organisationalen Bezugsebenen. Es werden verschiedene Gestaltungsstrategien aufgezeigt, wie demotivierte Mitarbeiter remotiviert werden können und wie durch die Veränderung von Rahmenbedingungen Motivationsbarrieren umgangen und Demotivation verhindert werden. Die Grenzen von Motivation sind jedoch sehr deutlich und wurden vom Motivationsforscher Reinhard K. Sprenger wie folgt ausgedrückt: „Motivation ist unwidersprechlich Sache des Einzelnen, ihr Freiraum zu geben ist Sache der Führung."[1] Diesem Standpunkt folgt die vorliegende Masterarbeit.

Die Verbindung der Motivations- und Demotivationstheorie mit der Kulturbranche wird durch eine quantitative empirische Studie bei Mitarbeitenden der Kultur hergestellt. Mit der Studie wurden einerseits Demotivationstreiber und Motivationsstabilisatoren untersucht und andererseits Strukturdaten der Beschäftigungsverhältnisse in der Kulturbranche erhoben.

Unsere empirische Forschung lokalisiert vier ausgeprägte Demotivationsfaktoren. Die Kulturmitarbeitenden sind überbelastet, es mangelt ihnen an genügend Ressourcen, sie beklagen ein Ungleichgewicht der Work-Life-Balance und führen diese Umstände auf ein Fehlverhalten des höheren Managements und den direkten Vorgesetzten zurück. Um die ermittelten Demotivationsfaktoren zu reduzieren, würden die Beschäftigten der Kulturbranche eine ausgeprägtere Feedback-Kultur, Management by Objectives auf persönliche Ziele ausgerichtet und Entwicklungsmassnahmen begrüssen. Hingegen wurde Job-Rotation als geeignete Massnahme abgelehnt.

Daneben ist durch die gewonnenen Strukturdaten gut erkennbar, dass sich das Management in der Kulturbranche mit gender-spezifischen Instrumenten auseinandersetzen und der Koordination von Teilzeit-Arbeitenden durch den Einsatz einer strukturellen Führung genügend Gewicht beimessen muss.

Die Antworten aus dieser Studie haben die aufgestellte These sowohl bestätigt wie auch teilweise entkräftet und haben es erlaubt, mitunter auch unerwartete Schlussfolgerungen zu ziehen. Spannend sind jedoch nicht nur die streckenweise erstaunlichen Resultate selbst, sondern auch der Vergleich mit der Stu-

1 Sprenger 2007, S. 258

die von Wunderer/Küpers, der beim mittleren und oberen Management von Mittel- bis Grossunternehmen durchgeführt wurde. Die Parallelen und Unterschiede werden in der Auswertung der Empirie verdeutlicht.

Die Erkenntnisse aus dieser Arbeit helfen, den bestehenden Motivationsbarrieren in der Kulturbranche erfolgreich zu begegnen, die einzigartige intrinsische Motivation der Mitarbeitenden zu erhalten und so die zukünftigen Herausforderungen hinsichtlich des Mitarbeiter-Retention-Management zu meistern.

Inhaltsverzeichnis

Vorwort

Motivation für die Wahl des Themas

Im Oktober 2008 starteten wir den Studienlehrgang Executive MBA - General Management an der Zürcher Fachhochschule (HWZ). Wir arbeiten in unterschiedlichen Branchen und Funktionen. Olivia Oeschger ist als Managing Partner der Columbus Film AG in Zürich tätig, Thomas Ehret als stellvertretender Spitaldirektor der Bethesda Spital AG in Basel, und Michel Meyer arbeitet als Vice President bei der Zürcher Kantonalbank ZKB im Hauptsitz in Zürich.

Die Studienleitung des Executive MBA an der HWZ legte bei der Auswahl der Studienfächer nebst den klassischen betriebswirtschaftlichen Themen wie Financial oder Strategic Management auch ein klares Schwergewicht auf die Themen Leadership und Human Ressources Management. Die Forschung über Vertrauensentwicklung und Motivation respektive Demotivation hat uns dabei ganz besonders fasziniert. Als es darum ging, ein Thema für die Masterarbeit zu finden, wurde Olivia Oeschger schnell klar, dass sie die Anwendung der genannten Motivations-Theorien auf die Kulturbranche zum Thema der Master-Arbeit machen möchte, um mit ihren beiden Studienkollegen Thomas Ehret und Michel Meyer die aktuellen Handhabungen und Bedürfnisse zu untersuchen.

Als wir einen ersten Themenvorschlag eingebracht hatten, wurden von der Studienleitung zwei Referenten vorgeschlagen, die uns ermunterten, uns in das besagte Thema einzuarbeiten, jedoch den Rahmen ein wenig genauer abzustecken. In den darauffolgenden Diskussionen wurde deutlich, dass es gerade in der Kulturbranche viel vordringlicher ist, den Fokus auf das Thema „Verhinderung von DEmotivation" zu legen, da die Primärmotivation auffallend hoch ist. Herr Matthias Mölleney hat sich als Referent für dieses Thema zur Verfügung gestellt, was uns ausserordentlich gefreut hat.

Die Erarbeitung des Themas, mit allen verschiedenen Aspekten, war sehr spannend. Unser Ziel war, gestützt auf die Resultate der Untersuchung, eine praxisnahe Empfehlung zu entwickeln, wie in der Kulturbranche mit dem Thema Demotivation umgegangen werden kann.

Wissenschaftliche Anregungen

In unserem Executive-MBA-Studium haben wir uns im Fach Human Ressources Management durch unsere Dozenten Frau Prof. Dr. Antoinette Weibel und Herrn Matthias Mölleney unter anderem mit dem Thema „Exzellenzfaktor Motivation" auseinandergesetzt. Wir haben verschiedene Motivationstheorien wie beispielsweise die Bedürfnistheorie nach Maslow, die Zwei-Faktoren-Theorie von Herzberg oder die Selbstbestimmungstheorie nach Deci/Ryan, aber auch Themen wie Arbeitsplatzgestaltung nach Humphrey/Nahrgang/Morgeson und die Erkenntnisse zu intrinsischer und extrinsischer Motivation vertieft diskutiert. Die Themen Personalmanagement und -marketing, Personalbindung und verschiedenen Formen der Mitarbeiterentwicklung und -incentivierung in der Praxis sowie die unvermeidbare, herausfordernde demografische Entwicklung der nächsten Jahre waren Grundlage für eine praxisorientierte, unmittelbare Auseinandersetzung mit den aktuellen Problemstellungen im Daily Business.

Auf dieser Basis haben wir begonnen, unser Thema spezifisch auf die Kulturbranche zu erarbeiten.

Dank an beteiligte Personen

Für die wissenschaftliche Betreuung danken wir Herrn Matthias Mölleney von der Zürcher Fachhochschule HWZ herzlich.

Besonderer Dank gilt den Mitarbeitern aus der Kulturbranche, die sich Zeit für die Beantwortung des Fragebogens genommen haben und somit bei der Erstellung dieser Arbeit eine wichtige Hilfe waren. Weiter gilt der Dank auch dem Bundesamt für Statistik und dem Bundesamt für Kultur für die Unterstützung bei der Grundlagenrecherche.

Des Weiteren möchten wir uns auch bei unseren Partnern, Familien, Freunden sowie all jenen bedanken, die uns während der Studienzeit in unterschiedlicher Form unterstützt haben.

Auch bedanken wir uns bei allen, die uns bei dieser Masterarbeit in irgendeiner Weise begleitet und unterstützt haben.

Glossar

Ausdruck	Beschreibung
Behaviorismus	Theorie der Wissenschaft vom Verhalten
Burn-Out	Burn-Out ist ein Zustand ausgesprochener emotionaler Erschöpfung und reduzierter Leistungsfähigkeit. Hervorgerufen durch frustrierende Erlebnisse führen diese zu Desillusionierung, Depression, Apathie, Aggressivität oder psychosomatischen Erkrankungen
BVG	Berufliches Vorsorge-Gesetz über Alters-, Hinterlassenen- und Invaliditätsvorsorge
Demotivationsfaktor	Motivationsbarriere
Empowerment	Strategien und Massnahmen, die geeignet sind, den Grad an Selbstbestimmung und Autonomie im Leben von Menschen zu erhöhen
Extrinsisch	Extrinsisch motiviert ist eine Person durch äussere Anreize wie Entlohnung, Beförderung, Anerkennung, die für das eigene Handeln ausschlaggebend sind
High Potentials	Mitarbeiter, die eine hohe Leistungsbereitschaft zeigen und denen gleichzeitig noch ein hohes persönliches Entwicklungs- Potential zugesprochen wird
homo oeconomicus	Bezeichnung für den Wirtschaftsmenschen/Nutzenoptimierer
Intrinsisch	Intrinsische Handlungen sind eigenbestimmt und brauchen deshalb keine Anstösse von aussen
Jobenrichment	Die bisherige Tätigkeit eines Mitarbeiters wird um Arbeitsumfänge auf höherem Anforderungsniveau erweitert

Jobenlargement	Eine Person, die bis dato eine Tätigkeit ausgeübt hat, führt nun mehrere Tätigkeiten aus
Jobrotation	Ist ein systematischer Arbeitsplatz- oder Aufgabenwechsel in einem Arbeitssystem
KMU	Bezeichnung für kleine und mittlere Unternehmen
KPI	Key Performance Indicators sind betriebswirtschaftliche Kennzahlen, welche den Erfüllungsgrad der wichtigen Zielsetzungen misst/darstellt
MbO	Das Führen durch Zielvereinbarungen (Management by Objectives) ist eine Form transaktionaler Führung
OMT	Operanter Motivtest. Er erforscht die Motive von Menschen, indem er sie zu Bildern assoziieren lässt
Peergroup	Gruppe von Gleichaltrigen/-gestellten einer Arbeits-, Lern- oder Ausbildungsgruppe
TAT	Thematischer Auffassungstest. Ist ein entwickelter Persönlichkeitstest, welcher zur Messung von Motiven eingesetzt wird
New Economy	Bezeichnung für eine durch die Globalisierung geprägte Wirtschaftsform, die durch das Aufkommen von neuen Technologien (Computertechnologie) in den 1990ern entstanden ist
Work-Life-Balance	Der Begriff steht für einen Zustand, in dem Arbeit und Privatleben miteinander in Einklang stehen

1 Einleitung

Künstlerische Werke wie beispielsweise Theaterstücke, Filme, Literatur und Musik entstehen dank der Zusammenarbeit einer Vielzahl von Menschen. Für den Kultur-Konsumenten stehen zwar in erster Linie die Urheber wie die Schauspielerin, der Musiker oder eine Schriftstellerin im Vordergrund, doch dahinter steht meist ein komplexer Apparat mit einer grossen Anzahl von Mitarbeitern, die es erst ermöglichen, das kulturelle Produkt entstehen zu lassen oder in die Öffentlichkeit zu transportieren.

Stellen wir uns beispielsweise die Arbeit für einen Spielfilm vor: Da ist der Produzent, der mit seinem Mitarbeiterstab die inhaltliche und finanzielle Entwicklung und Durchführung des Projektes übernimmt, die Autoren, die über viele Zwischenversionen das gültige Drehbuch schreiben, die Regie, die sich um die Leitung der künstlerischen Umsetzung dieses Buches kümmert, die Set-Mitarbeiter, die für das stimmige Licht, das passende Kostüm, das korrekte Filmmaterial, die Kameraschärfe, die buchhalterische, die organisatorische Abwicklung oder auch den nicht zu unterschätzenden Kaffee für die Mitarbeiterinnen und Mitarbeiter am Drehort mitten im Wald sorgen. Ist die Geschichte einmal im Kasten, muss im Schneideraum das Material organisiert und digitalisiert werden, damit der Cutter die Puzzleteile zu einem Ganzen zusammenführen kann. Die Bildqualität muss von den Labormitarbeitern überarbeitet werden, der Geräuschemacher bastelt im Studio die fehlenden Effekte und Klänge, die Musikerin dramatisiert am entscheidenden Ort und schlussendlich sorgen die Mitarbeiter(innen) von Verleih und Kino dafür, dass der fertige Film überhaupt ins Kino kommen kann, der Kinobesucher auf den Film aufmerksam wird. Auf der Leinwand sehen wir auf den ersten Blick ein Schauspiel-Ensemble, das eine Geschichte nacherzählt. Was wir aber auf den zweiten Blick wahrnehmen, ist das Resultat der gewaltigen Arbeit einer Unmenge von Menschen, die sich inhaltlich mit diesem Film auseinandergesetzt und ihren Teil zur Entstehung, Fertigstellung und Auswertung beigetragen haben.

Die Mitarbeitenden der Kulturbranche sind intrinsisch hochmotiviert, doch ist auch die höchste Motivation nicht unzerstörbar. Aus persönlicher Beobachtung (Olivia Oeschger) ist eine gewisse Mitarbeiterunzufriedenheit bei Mitarbeitenden von Kulturbetrieben feststellbar. Diese Arbeit soll dazu beitragen, die Demotivationsfaktoren in unserer Zielgruppe festzustellen und zu analysieren.

1.1 Rahmen der Fachdiskussion

In Folge des Taylorismus entstanden in den Wirtschaftswissenschaften und der Managementlehre neue Denkansätze, die sich vom Menschenbild des „homo oeconomicus" entfernten und im Rahmen der „New Economy" zur mitarbeiterorientierten Beziehung führten. In den 80er-Jahren entstand in der modernen Organisationslehre der Begriff „Empowerment", welcher sinngemäss mit „Bevollmächtigung", „Ermächtigung" oder auch „Selbstkompetenz" übersetzt werden kann. In Management- oder Führungskonzepten bedeutet Empowerment die Steigerung der Autonomie, Selbstbestimmung, Verantwortung und Entscheidungsbefugnis der Mitarbeitenden, um dadurch eine höhere Arbeitszufriedenheit und daraus resultierend eine ausgeprägtere Identifikation der Mitarbeitenden mit dem Unternehmen zu erreichen. Die Nutzung sämtlicher Fähigkeiten und Ressourcen der Mitarbeitenden führt demzufolge zu einer win-win-Situation für Arbeitnehmer und Arbeitgeber. So ist im Werk von W. Simon ein Zitat zu finden, welches auf ungenutzte Potenziale von Mitarbeitenden hinweist: „Irgendwie ist es paradox, dass Unternehmen, die in technischer Hinsicht schon auf dem Stand des 21. Jahrhunderts sind, in ihrer Firmenstruktur Prinzipien des frühen 20. Jahrhunderts aufweisen und ihre Mitarbeiter mit Methoden des 19. Jahrhunderts zur Arbeit motivieren möchten"[2].

Damit die Mitarbeitenden ihre Fähigkeiten im Arbeitsumfeld einbringen und den erforderlichen Verantwortungs- und Handlungsspielraum nutzen können, ist eine Anpassung des Führungsverhaltens, weg von der kommandoorientierten Führung hin zum Leadership, notwendig.

Diese Veränderungen in der Gesellschaft und Wirtschaft beeinflussen die Arbeitswelt und die unterschiedlichen Branchen mehr oder weniger stark ausgeprägt. Wir gehen davon aus, dass die Kulturbranche, welche durch eine sehr heterogene Struktur der verschiedenen Persönlichkeiten, Berufe, Arbeitsfelder und Aufgaben geprägt ist, in besonderem Masse von den oben erwähnten Veränderungen betroffen ist und tendenziell mit einer Zunahme der Demotivation bei den Mitarbeitenden

---

2 Simon Walter 2006 S. 341

zu rechnen ist. Der gesteckte Rahmen der Fachdiskussion bewegt sich im Themenkreis HR-Management, Mitarbeiterbindung und Leadership.

Tiefe Löhne und atypische Arbeitsverhältnisse sind kennzeichnend für Berufe in der Kulturbranche. Das Einkommen von diesen Mitarbeiterinnen und Mitarbeitern ist oft unsicher, tief und muss teilweise über mehrere Anstellungen generiert werden, was sich aus eigener Beobachtung in sehr vielen Fällen negativ auf die Mitarbeiterzufriedenheit auswirkt. Zudem sind uns nur ganz vereinzelt Kultur-Unternehmen bekannt, die moderne Motivations- und Mitarbeiterbindungssysteme wie beispielsweise Mitarbeiterentwicklung, Management by Objectives oder auch Vergabe von monetären Incentives anwenden, was einerseits auf das Fehlen finanzieller Mittel, aber eventuell auch ein Hinweis auf mangelnde Führungskompetenz ist.

Es ist naheliegend anzunehmen, dass die Identifikation mit dem Arbeitsinhalt bei den Mitarbeitern in der Kulturbranche von zentraler Wichtigkeit sein muss. Die Auseinandersetzung mit philosophischen, künstlerischen und/oder ethischen Themen spielt in diesen Berufsfeldern eine bedeutende Rolle im alltäglichen Arbeitsleben.

Doch wie stark beeinflussen diese Faktoren die Motivation von Mitarbeitern und wie resistent sind Mitarbeitende der Kulturbranche gegenüber klassischen Motivationsbarrieren, wie sie beispielsweise branchenunabhängig von Wunderer/Küpers bereits untersucht wurden?

Mit unserer Arbeit wollen wir feststellen, ob die Kulturbranche mittelfristig Gefahr läuft, ihre Fachkräfte an andere, im Human Ressources Management besser organisierte und zahlungskräftigere Branchen/Unternehmen, zu verlieren.

Brisant wird diese Frage insbesondere im Hinblick auf die demografische Entwicklung in der Schweiz. Ab ca. Mitte des kommenden Jahrzehnts ist mit einer Verringerung der zur Verfügung stehenden Fachkräfte zu rechnen. Nun stellt sich hier die Frage, ob aufgrund dieser Entwicklung insbesondere im Kultursektor mit einem Exodus von Arbeitskräften zu rechnen sein wird. Und wenn ja, wie Arbeitgeberinnen und Arbeitgeber aus der Kulturbranche diesem Risiko entgegentreten können. Die Erforschung demotivierender Faktoren bei Mitarbeitenden in der Kulturbranche stellt unseres Erachtens die Basis zur Beantwortung dieser Fragen dar und zeigt mögliche Ansatzpunkte zur Reduktion von Fluktuation auf.

1.2 Eingrenzung des Themas

1.2.1 Motivation/Demotivation

Zum Thema Motivation sind sehr viele Theorien, Bücher und Arbeiten geschrieben worden, die sich teilweise gegenseitig stark in Frage stellen, wie beispielsweise Reinhard K. Sprenger dies tut[3]. Ganz anders sieht es mit der Forschung zum Thema Demotivation aus. Es existiert nur spärlich Literatur explizit zum Thema.

Zwar liegen die Themen Motivation und Demotivation sehr nahe beieinander, jedoch beschäftigen sich herkömmliche Motivationstheorien primär mit der Frage nach den Motivationsinhalten bzw. der kognitiven Wahl und Bewertung von Handlungsalternativen, während demotiviertes Verhalten „(...) einen eigenen Ansatz, der auch emotionale Einstellungen und Erfahrungen sowie willentliche Prozesse des Handelns selbst, systematisch berücksichtigt."[4]

In der vorliegenden Masterarbeit werden zwar die Erkenntnisse aus der Motivationsforschung kritisch beleuchtet, jedoch wird der Fokus auf die Demotivationsforschung gelegt. Dies mit dem Ziel, die Demotivationsfaktoren beim stark intrinsisch motivierten Personal der Kulturbranche zu identifizieren, um Demotivation und somit den Entzug der Potenziale von Humanressourcen zu verhindern.[5]

1.2.2 Kulturbranche

Der Begriff „Kultur" beschreibt alles, was das menschliche Wesen selbst gestaltend erschafft, im Unterschied zu der unveränderten, nicht von ihm geschaffenen Natur. Kulturleistungen sind alle formenden Umgestaltungen von gegebenem Material, wie beispielsweise in der Bildenden Kunst oder der Technik, aber auch geistiger Gebilde wie etwa im Recht, in der Moral, der Religion, der Wirtschaft und der Wissenschaft.[6]

In der vorliegenden Arbeit werden mit dem Begriff „Kulturbranche" diejenigen Wirtschaftssektoren bezeichnet, die sich mit der Entstehung und Verbreitung von Kulturprojekten und

---

3 Vgl. Sprenger 2007, S. 47

4 Wunderer/Küpers, 2003, S. 59

5 Vgl. Wunderer/Küpers, 2003, S. 60

6 Vgl. Wikipedia freie Enzyklopädie 2009

-produkten der Bildenden Kunst, Literatur, Film und Theater auseinandersetzen.

1.2.3 Mitarbeiterinnen und Mitarbeiter der Kulturbranche

Als Kulturschaffende werden im umgangssprachlichen Gebrauch Personen mit künstlerischen Tätigkeiten und Tätigkeiten in Berufen des Theaters, der Literatur sowie der Bild- und Tonmedien bezeichnet.

Wunderer/Küpers haben durch ihre empirische Forschung festgestellt, dass der Arbeitsinhalt als die wichtigste potenzielle Motivationsbarriere bewertet wird. Dies weil mit ihr die zentrale Sinndimension der eigenen Arbeit angesprochen ist.[7]

Durch den hohen Identifikationsgrad mit ihrem Arbeitsinhalt können Mitarbeitende der Kulturbranche beim Einstieg in ihre Tätigkeit als stark motiviert eingestuft werden. Doch welche Vorgänge und/oder Gegebenheiten reduzieren oder zerstören diese intrinsische Motivation?

Zwar sind von den in Kapitel 1.1 erwähnten atypischen Erwerbssituationen sowohl die Kulturschaffenden, Künstler oder Urheber einerseits, aber vor allem auch diejenigen Menschen betroffen, die es mit ihrer Arbeit ermöglichen, dass kulturelle Werke von der Allgemeinheit wahrgenommen werden können.

Unser Augenmerk liegt in dieser Arbeit auf letzterer Gruppe, die in der einen oder anderen Form in ihrer Tätigkeit direkt von Führungskräften abhängig sind.

1.3 Knappe Erläuterung der These

Es gibt unzählige Gründe, warum die Kulturbranche auf viele Menschen eine grosse Anziehungskraft ausübt: Kreativität ist gefragt, die Themen, oder - wie nur ungern ausgesprochen - die Produkte drehen sich um künstlerische, unterhaltende bis philosophische Inhalte: auf unkonventionelle Denkweisen und Sinn für Ästhetik wird grossen Wert gelegt. Der Umgang in den Teams ist locker und unkompliziert, was ein in dieser Branche wichtiges Merkmal darstellt.

Doch die meisten Kulturbetriebe wären ohne Subventionen oder grosszügige Spenden nicht überlebensfähig, denn die Kosten für Produktionen übersteigen in vielen Fällen die kommerziellen Möglichkeiten. Dieses Verhältnis schlägt sich unter an-

7 Vgl. Wunderer/Küpers, 2003, S. 180

derem auch auf die Anzahl Mitarbeiter und ein entsprechend tiefes Lohnniveau nieder. Hinzu kommt, dass wir davon ausgehen, dass die Unternehmen nicht nach neuesten Kenntnissen der Unternehmensführung geleitet und dass Mitarbeiter-Bindungsmassnahmen selten bis überhaupt nicht angewendet werden. Aus unseren persönlichen Beobachtungen konnten wir immer wieder feststellen, dass sich bei Mitarbeitenden der Kulturbranche nach einer gewissen Zeit Frustration über unbefriedigende Anstellungsbedingungen, wie beispielsweise hohe Arbeitsbelastung oder auch tiefe Löhne, breitmacht. In sehr vielen Fällen fehlt es in den Kulturbetrieben aufgrund der engen finanziellen Verhältnisse an ausreichend Mitarbeiterressourcen.

Aus den erwähnten Gründen stellen wir deshalb die folgende These auf:

Die meisten Mitarbeiter in kulturellen Betrieben sind intrinsisch hochmotiviert und leisten überdurchschnittlich viel für verhältnismässig wenig finanzielle Kompensation. Doch verschiedene Faktoren führen immer wieder zu grosser Demotivation und es scheint, dass in den meist kleinen Betrieben wenig bis gar keine Tools zum Thema Mitarbeiter-Entwicklung, -Bindung und -Motivation bestehen. In Anbetracht der kommenden demografischen Veränderungen wird es zu einem Wandel auf dem Arbeitsmarkt kommen. Wir schliessen daraus auf einen Rückgang des Interesses von Fachkräften an der Kulturbranche.

1.4 Vorgehen Analyse Theorie Motivation/Demotivation

Ausgangspunkt für die Analyse zur Theorie war die Suche und die Entscheidung für die Grundlagenliteratur. Bei der Literaturauswahl war uns wichtig, sowohl dem Anspruch der Wissenschaftlichkeit als auch dem geforderten Praxisbezug gerecht zu werden. Wobei sich die Suche und auch die Entscheidung für die Literatur zum Theorieteil „Motivation“ wesentlich einfacher gestaltete als zum Theorieteil „Demotivation“. Der Vielfalt an wissenschaftlicher Literatur zum Thema „Motivation“ steht nur ein wissenschaftliches Werk, welches sich dezidiert mit der Thematik „Demotivation“ auseinandersetzt, gegenüber.

Im Rahmen der vertieften Literaturrecherche haben wir in einem nächsten Schritt einige der ursprünglich gewählten Bücher wieder von der Literaturliste gestrichen, da diese nicht oder nicht im erwarteten Umfang die gesuchten Inhalte zu dem von uns gewählten Thema abdeckten. Andererseits sind wir bei der

Literaturbearbeitung wie auch beim Schreiben teilweise über den jeweils bearbeiteten Inhalt auf weiterführende Literatur aufmerksam geworden, welche uns in der Folge eine Vertiefung der Themen erlaubte. Diese Werke wurden somit im Rahmen der Themenbearbeitung in unsere Literaturliste aufgenommen.

Von der Literaturliste gestrichen haben wir:

- „Innere Motivation bei der Arbeit" - Kenneth W. Thomas
- „Führen mit flexiblen Zielen" - Nils Pfläging
- „Schwarz/Weiss - Buch der Mitarbeiter-Motivation" - Arnold H. Lanz
- „Mitarbeiter als Mitunternehmer" - Rolf Wunderer

In die Literaturliste aufgenommen wurden:

- „Führen, Leisten, Leben" - Fredmund Malik
- „Psychologisches Konfliktmanagement" - Annegret Hugo-Becker und Henning Becker
- „Knauers moderne Psychologie" - Heiner Legewie und Wolfram Ehlers
- „Führung und Zusammenarbeit" - Walter Simon
- „Managementorientierte Betriebswirtschaftslehre" - Jean-Paul Thommen

Der zentrale Fokus bei der Analyse der Theorie war die Auswahl von wesentlichen Inhalten, welche eine Verbindung zu unserer aufgestellten These erlaubten. Dabei legten wir grossen Wert auf eine breite Abstützung der Theorie auf unterschiedliche Wissenschaftsgebiete. Primär handelt es sich dabei um die untenstehenden Fachgebiete und deren Subdisziplinen (die Reihenfolge der Aufzählung stellt keine Wertigkeit dar).

- Psychologie
- Soziologie
- Philosophie
- Managementlehre
- Organisationslehre
- Pädagogik

Ein weiterer Schwerpunkt unserer Analyse stellt die Darstellung der unterschiedlichen Blickwinkel der beteiligten Stakeholder dar. Wir beleuchteten die Themen somit einerseits aus

Sicht der Mitarbeitenden und andererseits aus der Optik der Unternehmen und verknüpften diese auf der Basis der jeweiligen wissenschaftlichen Abhandlungen. Unterschiedlichen Ebenen wie beispielsweise (Arbeits-)Umfeld, Führungsverhalten, Persönlichkeitsmerkmalen etc. schenkten wir dabei besondere Beachtung.

Wissenschaftlich wurde unser Vorgehen hauptsächlich durch die Werke von R. Wunderer W. Küpers, A. Maslow, R. K. Sprenger und F. Malik beeinflusst. Während Wunderer/Küpers die wissenschaftlichen Theorien im „klassischen" Sinn abdeckten, stellten Sprenger und Malik - nicht weniger wissenschaftlich - die kreativen Querdenker dar, welche zur Reflexion der Theorien anregten und eine ausgezeichnete Brücke zur Praxis herstellten.

1.5 Vorgehen Empirie

Die Empirie wurde mittels einer Online-Umfrage bei Mitarbeitenden der Kulturbranche durchgeführt, um ein relevantes Bild der heutigen Situation bezüglich Demotivationsfaktoren zu erhalten.

In einem ersten Schritt haben wir unsere eigenen Fragen und Diskussionspunkte evaluiert, zu denen wir uns empirische Informationen wünschten. Im zweiten Schritt haben wir die aussagekräftige Empirie aus Wunderer/Küpers „Demotivation - Remotivation" zum Thema „Motivationsbarrieren" als Vorlage genommen. Schlussendlich wurden diese beiden Kernelemente zu einem Fragebogen konsolidiert. In Anbetracht der Tatsache, dass zu lange und zu komplizierte Online-Befragungen zu einer tiefen Rücklaufquote führen, war es eine echte Herausforderung, einen sinnvollen Fragekatalog zu gestalten, der unseren Ansprüchen an die zu gewinnenden Informationen und an die Vergleichbarkeit mit Wunderer/Küpers entsprach.

1.6 Kurze Darstellung der Abfolge und des Inhalts der einzelnen Kapitel

Die Gliederung der vorliegenden Arbeit orientiert sich an der Empfehlung der HWZ und am „Duden - Die schriftliche Arbeit - kurzgefasst[8]".

1.6.1 Einleitung - erstes Kapitel

Im Kapitel 1 legen wir den Rahmen der Fachdiskussion und die Abgrenzung des Themas fest. Neben der kurzen Erläuterung der These weisen wir dort auf das Vorgehen zur Analyse zur Theorie Motivation/Demotivation, auf das Vorgehen in Bezug auf die Empirie hin und definieren Zielbranche und Zielgruppe.

1.6.2 Hauptteil - zweites Kapitel

Im Hauptteil erfolgen in den Kapiteln 2.1 und 2.2 zunächst die Begriffsdefinitionen „Kulturbranche" und „Mitarbeitende der Kulturbranche". Bei der Bestimmung des Begriffes Kulturbranche weisen wir sowohl auf die unterschiedlichen Berufsgruppen in der Branche wie auch auf die Beschäftigungssituation der in der Branche Tätigen hin. Erste Quervergleiche zu anderen Wirtschaftszweigen in der Schweiz und zur Lohnstruktur geben dabei einen Einblick in die Arbeitssituation der Kulturschaffenden. Die Begriffsklärung „Mitarbeitende der Kulturbranche" beschreibt einerseits die von uns zur Untersuchung definierte Zielgruppe und andererseits zeigen wir auf, welche Personengruppen wir für unsere Forschungsarbeit ausklammern.

Die Auseinandersetzung mit der Theorie zum Thema Motivation findet im Kapitel 2.3 statt. Um ein breites Verständnis hinsichtlich der Inhalte Motive, Motivationsmodelle, Motivationsmuster etc. zu entwickeln, wird die Thematik aus den unterschiedlichsten Blickwinkeln bzw. auf der Basis verschiedenster Wissenschaften (Arbeitswissenschaft, Psychologie, Organisationslehre, Soziologie etc.) betrachtet.

Die Theorie zur Demotivation und deren Einflussfaktoren sowie die Beschreibung von Motivationsbarrieren, der Prävention von Demotivation als auch Remotivation wird im Kapitel 2.4 abgehandelt, bevor wir im Kapitel 2.5 die Theorie zu Remotiva-

8 Vgl. Duden - Die schriftliche Arbeit kurz gefasst 2006, S. 28

tion und möglichen Gestaltungsstrategien zur Demotivationsüberwindung darstellen.

Die Abhandlungen zur demografischen Entwicklung in der Schweiz, der Bevölkerungsentwicklung insgesamt und der Veränderung der Erwerbsbevölkerung erfolgen im Kapitel 2.6. Da die genannten Entwicklungen substanzielle Einflüsse auf den Arbeitsmarkt und somit auch auf ein professionelles Human Ressources Management der Unternehmen haben werden, bedeuten diese Darstellungen eine wertvolle Ergänzung im Sinne von zusätzlichen Einflussfaktoren auf die Arbeitssituation von Kulturschaffenden.

Die empirische Studie bildet das Kapitel 2.7. Die Aufzeichnungen führen vom Ziel und Zweck der Studie über das Vorgehen bezüglich der Auswahl der Zielgruppe bis hin zur Darstellung und Diskussion der Ergebnisse.

1.6.3 Synthese/Schlussfolgerungen - drittes Kapitel

Zunächst sind im Kapitel 3.1 unsere Erkenntnisse aus Theorie und empirischer Studie zusammengefasst. Dabei ist neben allgemeinen Erkenntnissen auch eine Abhandlung bezüglich der Erkenntnisse für die Führungsebene abgebildet, bevor die Feststellungen hinsichtlich der Empirie folgen.

Das Kapitel 3.2 bildet mit den Schlussfolgerungen und der Beurteilung der These den inhaltlichen Abschluss der vorliegenden Arbeit. Hier führen wir die Leserschaft von allgemeinen Schlussfolgerungen über die Betriebskultur in Unternehmen der Kulturbranche hin zum Schlusspunkt unserer These.

Am Ende der Arbeit sind in den Kapiteln 3.3 und 3.4 das Quellenverzeichnis und diverse Unterlagen zu finden.

2 Hauptteil

2.1 Begriffserklärung Kulturbranche

Was ist eigentlich Kultur? Kultur ist nicht gleich Kultur! Im Duden Fremdwörterbuch finden wir die folgenden Erläuterungen:

„Kul | tur die; -, -en ‹lat.›: 1. (ohne Plural) Gesamtheit der geistigen u. künstlerischen Lebensäusserungen einer Gemeinschaft, eines Volkes. 2. (ohne Plural) feine Lebensart, Erziehung u. Bildung. 3. Zucht von Bakterien u. anderen Lebewesen auf Nährböden. 4. Nutzung, Pflege u. Bebauung von Ackerboden. 5. junger Bestand von Forstpflanzen.[9]"

Wenn wir in dieser Master-Arbeit von Kultur sprechen, sind weder die Bakterienzucht noch der Ackerbau oder Forstpflanzen noch die feine Lebensart gemeint. Die in dieser Arbeit bezeichnete Kulturbranche vereint Menschen, die auf dem Gebiet der bildenden und der darstellenden Künste, der Literatur oder der Musik tätig sind. In der Kulturbranche sind eine Vielzahl von kreativen, gestaltenden Personen beschäftigt, aber auch eine beachtliche Zahl von Menschen, die durch ihre administrativen, beratenden, organisatorischen oder anderweitig unterstützenden Tätigkeiten die Verbreitung der Kunstprodukte ermöglichen.

Zur Arbeitssituation von Kulturschaffenden in der Schweiz muss erwähnt werden, dass im Kultursektor atypische Beschäftigungsverhältnisse wie Teilzeiterwerbstätigkeit, befristete Anstellung, die Mehrfachbeschäftigung sowie die selbständige Erwerbstätigkeit besonders verbreitet sind. Quervergleiche zu den übrigen Wirtschaftszweigen zeigen, dass der Kultursektor diesbezüglich jeweils deutlich über den gesamtwirtschaftlichen Durchschnittswerten liegt.[10]

Die Eidgenössische Volkszählung 2000 des Bundesamtes für Statistik ist zu folgenden Ergebnissen gekommen:[11]

---

9 Duden - Das Fremdwörterbuch, 9. aktualisierte Auflage 2007

10 Vgl. Eidg. Departement des Innern, A. Streit, 2007

11 Bundesamt für Kultur, „Soziale Sicherheit der Kulturschaffenden in der Schweiz", D. Zimmermann, 2007

- 48,3% der Kulturschaffenden sind selbständig (4x höher als der nationale Durchschnitt)
- 51,7% sind als Arbeitnehmende erfasst
- 66,6% der Arbeitnehmer sind vollzeitbeschäftigt
- 33,4% sind teilzeitbeschäftigt
- 10,5% sind mehrfachbeschäftigt

Eine von Suisseculture (Dachverband der professionellen Kulturschaffenden der Schweiz) erhobene empirische Studie hat ergänzende, relevante Informationen zur Arbeits-Situation von Mitarbeiterinnen und Mitarbeitern der Kulturbranche erbracht:[12]

- 50,7% der Kulturschaffenden mit ausschliesslichem Arbeitnehmerstatus verfügen über keine Festanstellung, haben also nur einen befristeten Arbeitsvertrag.
- 50,3% der Kulturschaffenden erzielen mit ihrer kulturellen Tätigkeit ein Jahreseinkommen von unter 19.350 Franken (BVG-Eintrittsschwelle bis Ende 2006)
- 57,9% der Befragten erzielen massgebliche Anteile ihres Gesamteinkommens durch Tätigkeiten ausserhalb des Kultursektors.

Der im Rahmen der Schweizerischen Lohnstrukturerhebung 2004 festgestellte monatliche Bruttolohn im Kultursektor von 6.649 Franken bezieht sich nur auf Arbeitnehmende. Dieser Bruttolohn basiert auf einer Vollzeitstelle. Da der Anteil der Vollzeitstellen im Vergleich zu den übrigen Wirtschaftszweigen erstens eher gering ist (66,6%) und zweitens Erwerbsunterbrüche für den Kultursektor eine typische Erscheinung darstellen , „..dürfte der ermittelte monatliche Bruttolohn von 6.649 Franken von vielen Arbeitnehmenden des Kultursektors nicht erreicht werden."[13]

Diese Angaben zur Beschäftigungssituation weisen erneut darauf hin, dass in der Kulturbranche ein hoher Grad an intrinsischer Motivation vorherrschen muss, da sich die Erwerbssituation als grösstenteils eher unsicher und finanziell wenig lukrativ erweist (weitere Ausführungen siehe Kapitel „Motivation").

---

12 Vgl. Bundesamt für Kultur, „Soziale Sicherheit der Kulturschaffenden in der Schweiz", D. Zimmermann, 2007, S. 6

13 Bundesamt für Kultur, „Soziale Sicherheit der Kulturschaffenden in der Schweiz", D. Zimmermann, 2007, S. 8

2.2 Begriffserklärung Mitarbeitende der Kulturbranche

Wie im vorangehenden Kapitel bereits angeführt, beziehen wir uns mit dem Ausdruck „Mitarbeitende in der Kulturbranche“ auf diejenigen Personen, die durch ihre berufliche Tätigkeit in der einen oder anderen Form für bildende und/oder darstellende Künste, für die Literatur oder die Musik tätig sind. Dabei kann es sich um kreativ tätige Personen wie Bühnen- und Kostümbildner, Sounddesigner oder Kameraleute etc. handeln, aber es sind auch diejenigen Berufsbilder mit eingeschlossen, die Kunstprodukte durch ihre unterstützende Funktion ermöglichen und/oder verbreiten, wie dies beispielsweise Musikpromotoren, der organisatorische Stab, oder auch Lektoren tun.

Für unsere Untersuchung klammern wir jedoch Künstler und Firmeninhaber aus, da wir davon ausgehen, dass das Motivationsverhalten für diese Kulturschaffenden nicht direkt vergleichbar ist mit demjenigen von weisungspflichtigen Angestellten/Mitarbeitern.

2.3 Theorie Motivation

2.3.1 Definition Motivation

Bei der Erforschung des Begriffes Motivation - ob aus dem Blickwinkel der Managementlehre, ob psychologisch oder philosophisch betrachtet - sind in der Literatur die „Leistungsebene“ und die „Gefühlsebene“ auszumachen. Während die verwendeten Begriffe wie Ziel, Stärke, Richtung, Anspruchsniveau, Erfolg, Hindernisse sowie Ausdauer die Leistungsebene beschreiben und die Vernunft bzw. den Verstand ansprechen, wird mit Begriffen wie Vertrauen, Drang, Bedürfnisse, Erregung, Hoffnung, Spass sowie Furcht die Gefühlsebene dargestellt. Da sich die rationale und die emotionale Ebene nicht trennen lassen, ist Motivation insgesamt als psychophysiologischer Prozess zu betrachten. Dieser Prozess wiederum gestaltet sich subjektiv nach Umfeld, Aufgabe und Individuum. Im betrieblichen Umfeld wird Motivation durch Führungspersonen positiv oder negativ beeinflusst.

Osterloh/Weibel definieren Motivation als „Drang zur Aktivität" und erklären, dass Motivation dem Handeln Richtung, Stärke und Ausdauer verleiht.[14]

In Enzyklopädien sind Definitionen wie die folgende zu finden:

Motivation (von lat. Motus, „Bewegung") bezeichnet in den Humanwissenschaften sowie der Ethologie einen Zustand des Organismus, der die Richtung und die Energetisierung des aktuellen Verhaltens beeinflusst. Mit der Richtung des Verhaltens ist insbesondere die Ausrichtung auf Ziele gemeint. Energetisierung bezeichnet psychische Kräfte, die das Verhalten antreiben. Ein Synonym von Motivation ist „Verhaltensbereitschaft".[15]

Grundsätzlich wird zwischen intrinsischer und extrinsischer Motivation unterschieden. Die intrinsische Motivation wird, z.B. in der Pädagogik, auch als Primärmotivation, die extrinsische Motivation als Sekundärmotivation bezeichnet.

Im Wesentlichen ergibt sich die intrinsische Motivation aus den Grundbedürfnissen der Menschen wie beispielsweise Nahrung, Kleidung etc. Die extrinsische Motivation entwickelt sich hingegen aus unserem Umfeld heraus und ist unter anderem geprägt vom Wunsch nach sozialen Kontakten, Sicherheit und Anerkennung.

(Siehe auch Defizitbedürfnisse und Wachstumsbedürfnisse nach Maslow im Kapitel „Motive")

Die Abhängigkeit intrinsischer und extrinsischer Motivation voneinander wird von Osterloh/Weibel wie folgt beschrieben: „Extrinsische und intrinsische Motivation sind nicht voneinander unabhängig, vielmehr weisen sie unter bestimmten Bedingungen einen positiven oder negativen Zusammenhang auf. Ein positiver Zusammenhang wird als Verstärkungseffekt bezeichnet. (...) Ein negativer Zusammenhang wird als Verdrängungseffekt bezeichnet."[16]

Mit seiner Beschreibung des „abgerundeten Bildes" bestätigt Maslow diese Aussagen. „Das menschliche Wesen sehnt sich bis zu einem gewissen Grad nach seinen Zielen, Zwecken eher als dass es von blinden Impulsen und Trieben getrieben wird.

---

14 Vgl. Osterloh/Weibel 2006, S. 42

15 Vgl. Wikipedia freie Enzyklopädie 2009

16 Osterloh/Weibel 2006, S. 44

Letzteres ist selbstverständlich auch der Fall, aber nicht ausschliesslich. Das abgerundete Bild zeigt beides.“[17]

2.3.2 Motive

Die Begriffe Motiv und Motivation sind zu unterscheiden. Ein Motiv ist ein mehr oder weniger stabiles Persönlichkeitsmerkmal, welches beschreibt, welche Arten von Zielen einem Individuum wichtig sind. Die Bezeichnung Bedürfnis wird als Synonym verwendet.

Wunderer/Küpers bestimmen den Begriff Motiv als „Beweggrund des Handelns, der meist von bestimmten Zielvorstellungen geprägt ist, z.B. von dem Drang, Bedürfnisse zu befriedigen. Motive können bewusst oder unbewusst sein, im Menschen selbst oder aus seiner Umwelt auf ihn wirken.“[18]

Ein Motiv hat also, im Gegensatz zur Motivation, welche je nach Umfeld oder Aufgabe eine entsprechende Handlungsbereitschaft mit sich bringt, nichts mit dem aktuellen Zustand eines Menschen oder mit dessen erlernten Reaktionen auf spezifische Reize zu tun. Motive werden jedoch durch Anreize aus dem Umfeld angeregt und führen zu einer Motivation.

Ähnlich wie bei der Motivation werden zwei Arten von Motiven unterschieden. Die primären Motive (Nahrungsmotiv, Kältevermeidungsmotiv) beruhen auf physiologischen Prozessen, während die sekundären Motive überwiegend auf psychologische Vorgänge zurückzuführen sind.

Die in der Literatur am meisten beschriebenen und empirisch am besten erforschten sekundären Motive sind das Leistungsmotiv, das Anschlussmotiv und das Machtmotiv.

Leistungsmotive stehen in engem Zusammenhang mit der Handlungsmotivation und werden als Bedürfnis beschrieben, sich mit einem Gütestandard auseinanderzusetzen, welcher als Basis zur Beurteilung der erbrachten Leistung dient. Dieser Gütestandard motiviert, je nach Erfolgszuversicht und Misserfolgsangst der betreffenden Person, den Anreiz zu suchen oder zu vermeiden. Der Mensch sucht also Herausforderungen oder Beweggründe, die ihm eine erkennbare Leistung abverlangen. Sprenger stellt diesbezüglich fest: „Wenn es aber keine „Beweg-Gründe“ gibt, die uns fordern, haben wir auch nicht die Mög-

---

17 Maslow 2008, S. 322

18 Wunderer/Küpers 2003, S. 58

lichkeit, unsere Problemlösungsfähigkeit, unsere Kreativität kennen zu lernen. (...) Viel von dem, was in unseren Unternehmen heute unter „innere Kündigung" eingeordnet wird, ist auf Verwöhnung und Unterforderung zurückzuführen. Und nicht auf „heavy work load" und Überforderung. Was fehlt ist nur allzu oft: Heraus-Forderung."[19]

Sprenger geht also davon aus, dass Führungspersonen in den Betrieben durch die Gestaltung der Aufgaben einen wesentlichen Beitrag zur Steigerung oder Erhaltung der Leistungsmotive leisten können. Er unterstreicht damit die Beeinflussbarkeit der sekundären Motive und bestätigt somit auch die Theorie der extrinsischen Motivation.

Ein Unternehmen seinerseits beurteilt aber auch die Leistungsfähigkeit und die Leistungsbereitschaft bzw. den Leistungswillen der Mitarbeitenden. So wird von Seiten des Unternehmens beispielsweise hinsichtlich der Leistungsfähigkeit bei der Personalauswahl der Übereinstimmungsgrad zwischen den Anforderungen und den Fähigkeiten der potenziellen Mitarbeitenden festgestellt. Bezüglich der Leistungsbereitschaft wird abgeklärt, ob die potenziellen Mitarbeitenden gewillt sind, die ihren Fähigkeiten entsprechenden Leistungen zu erbringen und damit den Erwartungen des Unternehmens gerecht werden. In letzter Konsequenz wird auch überprüft, ob die künftigen Mitarbeitenden auch über ein Leistungspotenzial für „höhere" Aufgaben (z.B. Führung) aufweisen. Im Rahmen des jährlichen Mitarbeitergespräches erfolgt in ähnlichem Sinn die Beurteilung der Leistungsbereitschaft.

Das Erwartungs-Valenz-Modell von Vroom (VIE-Theorie), welches Wunderer/Küpers beschreiben, lässt Rückschlüsse auf die Ausprägung der Leistungsbereitschaft zu und zeigt auf, dass Leistungsmotivation nicht nur auf individuelle Anlagen oder der Sozialisation beruht, sondern auch von Faktoren des subjektiven Umfeldes und der Ziele abhängt.

„Die Erwartungs-Valenz-Theorie stellt ein Grundmodell der Prozesstheorien dar. Danach maximieren Menschen ihren Nutzen durch Optimierung der folgenden Komponenten:

---

19 Sprenger 2007, S. 226/227

- **Valenz** (Valency) ist der bewertete Nutzen des angestrebten Ereignisses bzw. der jeweiligen Folgen eines Handlungsergebnisses
- **Instrumentalität** (Instrumentality) eines Weges ist die Wahrscheinlichkeit, mit der er zum Ziel führt (z.B. über positive oder negative Anreize und Mittel zur Handlungs- und Leistungserreichung)
- **subjektive Erwartung** (Expectancy) einen bestimmten Weg auch gehen zu können bzw. spezifische Arbeitsergebnisse zu erreichen.

(...) Der Leistungseinsatz wird hoch sein, wenn:

a) die selbsteingeschätzte Erwartung hoch ist, dass der Leistungseinsatz zu vielen direkten Ergebnissen führt (1. Ordnung)

b) die direkten Ergebnisse in enger instrumenteller Beziehung zu vielen Endresultaten stehen (2. Ordnung)

c) diese Resultate jeweils hohe Valenz aufweisen, also den individuellen Wertprioritäten entsprechen.

Die funktionale Beziehung zwischen Valenz und erreichtem Einzelergebnis ist davon abhängig, inwiefern sie zur Erreichung anderer Ergebnisse geeignet ist."[20]

Wunderer/Küpers gehen somit einen Schritt weiter als Sprenger und machen mit der VIE-Theorie deutlich, dass neben der Aufgabe und dem Umfeld auch Persönlichkeitsmerkmale - oder auch Motive - eine zentrale Rolle hinsichtlich der Leistungsmotivation einnehmen.

Das Anschlussmotiv umfasst soziale Bedürfnisse wie Freundschaft, Familie oder Kontakt zu Arbeitskollegen. Soziale Interaktionen sind für die Entwicklung des Menschen von eminenter Bedeutung und deren positive Auswirkungen stellen wertvolle Ressourcen für das Individuum dar. „Das Prinzip der Gegenseitigkeit (siehe dazu auch „Reziprozität" bei Osterloh/ Weibel[21]) stellt in der Soziologie ein Grundprinzip menschlichen Handelns dar. Reziprozität gehört sogar zu einer Bedingung des Menschwerdens selbst."[22]

20 Wunderer/Küpers 2003, S. 115

21 Vgl. Osterloh/Weibel 2006, diverse

22 Wikipedia freie Enzyklopädie 2009

Von Seiten des Unternehmens kann das Bedürfnis der Mitarbeitenden nach sozialen Beziehungen positiv beeinflusst werden. So beschreiben Wunderer/Küpers, dass durch die Personalpflege der Demotivation entgegengewirkt werden kann. Wobei sie unter Pflege das „Halten" (Retention) und die soziale Unterstützung der Mitarbeitenden verstehen. „Soziale Unterstützung am Arbeitsplatz meint, inwieweit eine Person in der Arbeit Interesse, Freundlichkeit und Hilfe bei Arbeitskollegen bzw. sozialen Netzwerken und bei Vorgesetzten findet. (...) Bei sozialer Unterstützung können negative Wirkungen von demotivierenden Belastungen „abgefedert" und die Remotivation erhöht werden."[23]

Mit seiner Aussage „Führen ist vor allem das Vermeiden von Demotivation"[24] unterstreicht Sprenger Wunderers/Küpers' Theorie. Wobei er Führungspersonen mit der Feststellung „Den grössten demotivierenden Einfluss auf Mitarbeiter übt der direkte Vorgesetzte aus"[25] gleichermassen provoziert als auch zur Reflexion anregt.

Beim Machtmotiv handelt es sich um das Bedürfnis, auf andere Menschen Macht auszuüben. Folgen wir dem Ansatz der Individualpsychologie, dann ist dieses Bedürfnis Teil der Persönlichkeitsentwicklung, auf Grund welcher der Mensch danach strebt, Minderwertigkeitsgefühle durch Geltungs- und Machtstreben zu kompensieren.

Hugo-Becker und Becker beschreiben dies, gestützt auf den Gründer der Individualpsychologie Alfred Adler, folgendermassen: „Die Individualpsychologie sieht es als wichtigsten Faktor in der Persönlichkeitsentwicklung an, dass jede Person ihr Leben in einer völlig hilflosen, untergeordneten Position beginnt. Diese Minderwertigkeitsgefühle entstehen bei jedem Menschen in der frühen Kindheit, durch Hilflosigkeit, körperliche Beeinträchtigungen, wirtschaftliche Nöte, Geringschätzung seitens anderer Personen. (...) Adler war der Überzeugung, dass das spätere Verhalten des Individuums ein Streben nach Überlegenheit repräsentiert (...). Nach Adler ist ein Mensch nur aus seinem Lebensplan heraus zu verstehen. Dieser menschliche Lebensplan beinhaltet das Streben nach Anerkennung und zielt darauf ab, Minderwertigkeitsgefühle auszugleichen."[26] Betrach-

[23] Wunderer/Küpers 2003, S. 294/295

[24] Sprenger 2007, S. 210

[25] Sprenger 2007, S. 210

[26] Hugo-Becker und Becker 2004, S. 11

ten wir Adlers Auffassung der Persönlichkeitsentwicklung auf der Grundlage von Maslows Motivationstheorie, sind Parallelen festzustellen. Maslow seinerseits stützt sich bei seinen Ausführungen hinsichtlich interpersoneller Beziehungen und bei der Beschreibung der Charakterstrukturen der „Selbstverwirklicher" auf das von Adler geprägte Wort „Gemeinschaftsgefühl" und der sich darauf entwickelnden „Älterer-Bruder-Haltung" und übernimmt beide Bezeichnungen in seine Theorie. Er geht davon aus, dass der Mensch auf der Stufe der Selbstverwirklichung seinem Gegenüber mit Respekt und Wertschätzung begegnet, auch wenn er sich ab und zu über diese Personen ärgert oder diese unangenehm für ihn sind. „So fern sie ihnen zuweilen auch stehen mögen, fühlt dieser Mensch nichtsdestoweniger eine grundlegende Verwandtschaft mit diesen Geschöpfen, die er, wenn schon nicht mit Herablassung, so doch zumindest mit dem Wissen betrachten muss, dass er gewisse Dinge besser tun kann, als sie es können, (...). Sie *(Anmerkung: die Selbstverwirklicher)* können mit allen Menschen jeden Charakters freundlich sein und sind es, ungeachtet der Klasse, Erziehung, des politischen Glaubens, der Rasse oder Hautfarbe. (...) Sie sind imstande, von jedem zu lernen, der sie etwas lehren kann - gleich welche anderen Eigenschaften er haben mag."[27] Status, Prestige oder eine äussere Würde sind gemäss Maslow folglich inexistent und Geltungsdrang und Macht somit obsolet.

In der Management- und Organisationslehre wird Macht häufig auch mit Autorität, Führung sowie mit Unternehmenskulturen und interpersonellen Auseinandersetzungen in Verbindung gebracht. Wunderer/Küpers halten dazu fest: „Als Medium mikropolitischer Auseinandersetzungen dient Demotivation als Mittel zum Aufbau und Einsatz von Macht in Organisationen. (...) Sie dient als Machtstrategie zur Bewältigung oder Handhabung von organisationalen Unsicherheitszonen."[28] In Anlehnung an McClelland beschreiben sie weiter, dass Zusammenhänge zwischen Machtmotiven und Führungsverhalten existieren. Wobei interessanterweise festzustellen ist, dass sie sowohl die Mitarbeiterebene wie auch die Führungsebene in ihren Ausführungen ansprechen: „Mitarbeiter und Führungskräfte, die Machtbedürfnissen nachgehen, können durch ihr Dominanz-

---

27 Maslow 2008, S. 197/199

28 Wunderer/Küpers 2003, S. 83

verhalten andere demotivieren. Dies betrifft besonders Mitarbeiter mit geringer Selbstwertschätzung."[29]

Macht stellt sich infolgedessen sehr vielfältig dar und ist in mannigfaltigen Situationen anzutreffen. Macht „passiert" subtil, bewusst und unbewusst, kann direkt oder indirekt erfolgen. Ziel ist aber immer, das Verhalten eines anderen Menschen zu beeinflussen.

„Die fast unlösbare Aufgabe besteht darin, weder von der Macht der anderen noch von der eigenen Ohnmacht sich dumm machen zu lassen.[30]"

Malik stellt hinsichtlich wirksamer Führungspersonen fest: „Wissen und Können sind für Menschen dieser Art nicht Selbstzweck, genauso wenig wie ihre Positionen und ihre Macht. Es sind Mittel und Voraussetzungen, um für die Organisation, das Unternehmen, das Orchester, das Krankenhaus, die Fakultät, die Abteilung etwas zu erreichen."[31]

2.3.3 Psychologie/Soziologie

Über die grundlegenden Gegebenheiten der Psychologie gibt es so viele Auffassungen wie es wissenschaftliche Abhandlungen darüber gibt. Malik warnt davor, im Management Psychologie aus dem Therapiebereich zu verwenden und Konflikte, Probleme oder Schwierigkeiten zu psychologisieren. „Obwohl es in jeder Organisation - schon aus statistischen Gründen - auch ein paar schwierige Leute geben mag und darunter auch einige, die in der Nähe des Krankhaften sein mögen, sind doch die meisten Mitarbeiter normale und gesunde Menschen. Oder präziser: Weil niemand so recht das Normale definieren kann, sind wir vielleicht alle unnormal, aber eben nur in gewöhnlichem Ausmass."[32] Unsere Ausführungen zur Motivationspsychologie stellen deshalb keinen Schwerpunkt dar und sollen lediglich zu einem besseren Verständnis möglicher Verhaltensmechanismen oder Handlungen von Menschen in der Arbeitswelt beitragen.

Davon ausgehend, dass, wie eingangs erwähnt, Motive und die daraus entstehende Motivation vom Umfeld beeinflusst wird, gibt es verschiedene Verhaltensmuster, die sowohl aus Sicht der Mitarbeitenden wie auch aus Sicht der Führungskräfte be-

---

29 Wunderer/Küpers 2003, S. 109

30 Theodor W. Adorno 2008

31 Malik 2006, S. 104/105

32 Malik 2006, S. 54

wusst oder unbewusst angewendet werden. So beschreibt beispielsweise der „Pygmalion-Effekt"[33], dass Menschen dazu neigen, sich so zu verhalten, wie sie glauben, dass es von ihnen erwartet wird. Livingston berichtet über „(...) eine interessante Effizienz-Prüfung bei den Filialleitern einer amerikanischen Westküsten-Bank, denen man wegen hoher Ausfälle ihre Kompetenzen zur Vergabe von Krediten eingeschränkt hatte. Um weitere Kompetenzbeschneidungen vorzubeugen, bewilligten die Filialleiter zunächst nur noch „sichere" Kredite. Das führte zu Geschäftsverlusten, von denen die Konkurrenzinstitute profitierten. Zudem sanken die Einlagen und Gewinne in den Niederlassungen. Um diese Entwicklung umzukehren, gingen sie daraufhin dazu über, billige Kredite anzupreisen und geradezu aberwitzige Risiken einzugehen. Dieses Verhalten entsprang weniger mangelndem Urteilsvermögen als vielmehr ihrer Bereitschaft, weiterem Schaden an ihrem Selbstwertgefühl und an der Karriere zuvorzukommen. Self-fulfilling prophecy: Die niedrigen Erwartungen ihrer Vorgesetzten führten zu noch grösseren Einbussen im Kreditgeschäft"[34]

Der philosophische und/oder der psychologische Determinismus (und letztlich eigentlich auch der religiöse: Alles geschieht durch Gott) beschreibt den Menschen als unfrei, da sein Wille durch innere oder äussere Umstände bestimmt ist. Eine solche Determinierung erfolgt gemäss Maslow auch durch die Kultur, in welcher der Mensch sozialisiert wurde - „(...) es muss darauf hingewiesen werden, dass im allgemeinen die Wege, auf denen die Hauptziele im Leben erreicht werden, von der Natur der jeweiligen Kultur determiniert werden."[35]

Interessant wäre hier ein Vergleich der Berufs-Kulturen der unterschiedlichen Branchen, Berufsgruppen oder der unterschiedlichen Kulturbetriebe. Die Recherchen dazu ergaben aber kein verwertbares wissenschaftliches Material.

Pygmalion-Effekt, Self-fulfilling-prophecy und die Determinierung durch die Kultur stellen mögliche psychologische Einflüsse auf die Motivation dar. In der Soziologie und der Pädagogik ist der Einfluss der „Peergroup" (Gruppe von Gleichaltrigen, Gruppe von Gleichgestellten) und dem damit verbundenen spezifischen Rollenverhalten einer Person ein wichtiger Faktor für das Verhalten von Menschen in Gruppen oder am Arbeits-

33 Sprenger 2007, S. 217

34 Sprenger 2007, S. 220

35 Maslow 2008, S. 354

platz. „Die Gleichaltrigengruppen (peer groups) auf dem Spielplatz und die „formalen" Gruppen in Schule und Berufsbildung etc. sind entscheidend für das Erlernen spezifischer Rollen. Unter Gleichaltrigen lernt das Kind, sich von der einmaligen und stark emotionalen Eltern-Kind- Beziehung zu distanzieren und erstmals mehr oder weniger sachliche, „entemotionalisierte" Beziehungen aufzubauen, wie sie später in einer arbeitsteiligen, industrialisierten Gesellschaft von ihm erwartet werden."[36] Auch im Erwachsenenalter sind in Spontan- und Arbeitsgruppen ähnliche Rollenverteilungen anzutreffen. In der von der Sozialpsychologie erforschten Gruppendynamik sind die folgenden Rollen beschrieben:

- Alpha-Rolle (Führung; Koordination)
- Beta-Rolle (Spezialisierung für besondere Aufgaben und Funktionen)
- Gamma-Rolle (Mitläufer; schweigende Mehrheit)
- Omega-Rolle (Prügelknabe; Sündenbock)

Erforscht man die Motivationspsychologie weiter, trifft man auf die Volitionspsychologie und Volitionsforschung als Teilgebiet der Motivationspsychologie. „Als Volition wird in der Psychologie der Prozess der Willensbildung bezeichnet. Die Volitionspsychologie (...) untersucht Fragestellungen zur Bildung, Aufrechterhaltung, zeitlichen Dynamik und Realisierung von Absichten. Dabei steht die Frage im Vordergrund, wie die Umsetzung einer Zielintention in die Handlung erfolgt."[37] Der Wille wird als psychische Kompetenz bezeichnet, der die Umsetzung von Intentionen und Zielen auslöst. Er kann aber auch Widerstand und Demotivation bewirken. Wunderer/Küpers definieren Volition auch als „Willenstheorie" und halten diesbezüglich fest: „Die Berücksichtigung der ‚Volition' basiert dabei auf der Idee, dass Menschen intentionale Wesen sind, die über einen mehr oder weniger freien Willen verfügen."[38]

---

36 Legewie/Ehlers 1992, S. 273

37 Wikipedia freie Enzyklopädie 2009

38 Wunderer/Küpers 2003, S. 140

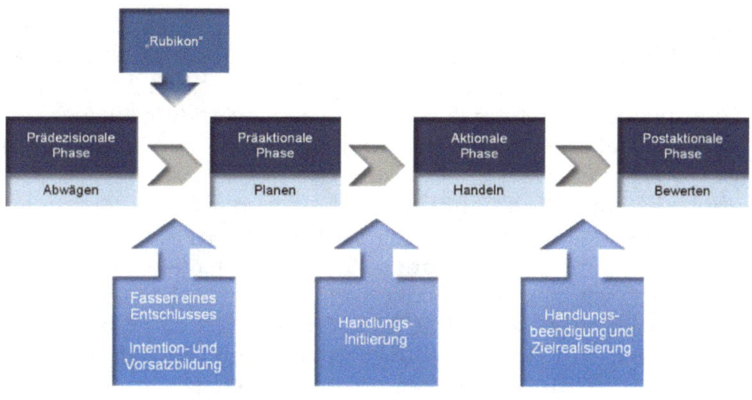

Abbildung 1: Vereinfachtes Grundmodell der Motivation und Volition nach Heckhausen[39]

2.3.4 Motivationsmodelle

Wenn wir davon ausgehen, dass Motivation von aussen beeinflusst wird, können wir auch ableiten, dass Motivationsmodelle auf Grund verschiedener äusserer Einflüsse immer wieder neu diskutiert und auf ihre Gültigkeit überprüft werden müssen. Einflüsse auf die Motivationsmodelle können der Wertewandel in der Gesellschaft, die Veränderungen der Kultur, sich wandelnde Arbeitsbedingungen oder neue Ansprüche an die Work-Life-Balance darstellen. Sprenger erklärt bezüglich des Wertewandels und der Einstellungsveränderungen der Menschen: „Wertewandel ist ein Begriff, dessen Sinngehalt sich umso mehr verflüchtigt, je mehr man ihn zu begründen versucht. Er bezieht sich weniger auf die Werte an sich als vielmehr auf die Einstellung der Menschen zu ihnen sowie das daraus resultierende Handeln."[40] Der Bewusstseinswandel hinsichtlich der Einstellung zur Arbeit führte in den letzten Jahrzehnten dazu, dass sich die Grenzen zwischen Arbeit und Freizeit immer mehr verwischten und die Bedeutsamkeiten der sozialen Anerkennung verschoben. Was die Verschiebung der sozialen Anerkennung betrifft, hält Sprenger fest: „Bis in die frühen 70er-Jahre entschieden darüber vor allem „Verdienst" und „Prestige"; seit Anfang der 80er-Jahre kommen mehr Job-Qualität und

39 Wunderer/Küpers 2003, S. 141

40 Sprenger 2007, S. 28

Möglichkeiten der Selbstentfaltung hinzu. (...) Vor allem die 90er-Jahre haben im Zeichen des Internetbooms gezeigt, dass für viele, vor allem jüngere und hochqualifizierte Menschen, „Unternehmen" wieder ganz wörtlich verstanden wurde: im Sinne von selbst etwas unternehmen, kreativ werden, die eigene Firma gründen. (...) Scharenweise wanderten gerade die „High Potentials" ab, um jenseits von planbaren Karriere-Hierarchien in kleinen, neu gegründeten Internetfirmen zu arbeiten. (...) Es zeigte sich - auch für viele Manager - sehr deutlich, wie hoch heute Selbstbestimmung im Arbeitsleben geschätzt wird. Man sucht eine Tätigkeit, deren Zielsetzung man akzeptiert, deren Sinn man erkennen kann und die sinnvoll für das eigene Leben ist."[41] Neben den beschriebenen Veränderungen und deren Auswirkungen auf Motivationsmodelle ist der Faktor Mensch, der die Modelle anwendet, eine beeinflussende Kraft. „Motivationstheorien kommen und gehen - sind so vergänglich wie nahezu jede Modell-Bildung im Management. (...) Wir arbeiten in Strukturen von gestern mit Methoden von heute an Problemen von morgen vorwiegend mit Menschen, die in den Kulturen von vorgestern die Strukturen von gestern gebaut haben und das Übermorgen innerhalb der Unternehmen nicht mehr erleben werden."[42] Malik geht noch einen Schritt weiter und berichtet von Irrlehren und Missverständnissen. „Es gibt ein paar weitere Missverständnisse und ausgesprochene Irrlehren, die unübersehbar zu Verwirrung und Fehlentwicklungen beitragen, besonders dazu, dass sich regelmässig Modewellen und Scharlatanerien breitmachen können."[43] Mit dem „Pursuit of Happiness Approach" beschreibt er ausserdem eine Denkweise der Managementlehre, welche er für eine fehlgerichtete und schädliche Managementauffassung hält. Der „Pursuit of Happiness Approach" geht vom Ansatz aus, dass der Hauptzweck von Unternehmen darin besteht, die für sie arbeitenden Menschen zufriedenzumachen. Er hält die Grundthese der Arbeitszufriedenheitslehre „Mache die Menschen zufrieden, und dann werden sie leisten" für falsch, da er der Auffassung ist, dass nicht andere für die Zufriedenheit des Einzelnen verantwortlich gemacht werden können. Seine Umkehrung „Gib Menschen die Möglichkeit, eine Leistung zu erbringen, und viele - nicht alle - werden ein bemerkenswertes Mass an Zufriedenheit erlangen" scheint ihm der bessere Weg zu sein und

---

41 Sprenger 2007, S. 29

42 Sprenger 2007, S. 47

43 Malik 2006, S. 43

sowohl die Zweckerfüllung von Organisationen als auch die Anliegen der Menschen zu vereinbaren.[44]

Wenn trotz dieser kritischen Aussagen gegenüber Motivationsmodellen nachfolgend einige Motivationsmodelle aufgeführt werden, tun wir dies in der Überzeugung, dass eine Auswahl von Arbeitsinstrumenten, welche individuell und situativ angewendet werden, sowohl für die Erreichung der Ziele eines Unternehmens als auch für die Erreichung der Ziele der Mitarbeitenden hilfreich sein können. Die aufgeführten Motivationsmodelle stellen eine Übersicht dar, welche keinen Anspruch auf Vollständigkeit erhebt.

Das wohl bekannteste Motivationsmodell ist die Motivklassifikation von Maslow. Im Weiteren sind in der Literatur am häufigsten das Rubikonmodell von Heinz Heckhausen und die X- und Y-Theorie von McGregor zu finden.

2.3.4.1 Motivklassifikation von Maslow

Die menschlichen Bedürfnisse sind sehr vielfältig und in ihrer Bedeutung je nach Individuum sehr verschieden. Maslow sieht allerdings Ähnlichkeiten hinsichtlich der Reihenfolge, in welcher die Bedürfnisse aufgrund ihrer Dringlichkeit befriedigt werden. Auf dieser Basis hat er seine Motivationstheorie aufgebaut, bei welcher er die Motivationsinhalte und die Motivationsdynamik unterscheidet. Die Motivationsinhalte teilt Maslow in fünf Grundbedürfnisse ein und hierarchisiert diese. Die daraus entstandene Bedürfnispyramide nach Maslow ist hinlänglich bekannt. Gemäss Maslow „(...) erreicht der Mensch selten einen Zustand vollständiger Befriedigung, ausser für kurze Zeit. Sobald ein Bedürfnis befriedigt ist, stellt sich ein anderes an seiner Statt ein."[45] Damit leitet Maslow zur Motivationsdynamik über, welche durch bisher unbefriedigte Bedürfnisse entsteht. „Bezüglich der Motivationsdynamik der Bedürfnisse stellt Maslow fest, dass das Verhalten des Menschen durch die unbefriedigten Bedürfnisse bestimmt ist, d.h. bisher unbefriedigte Bedürfnisse bilden den eigentlichen Motivator menschlichen Verhaltens:

44 Vgl. Malik 2006, S. 43–46

45 Maslow 2008, S. 51

- „Die fünf Bedürfniskategorien stehen zueinander in einer hierarchischen Beziehung. Die Befriedigung niederer Bedürfnisse bildet jeweils die Voraussetzung für die Befriedigung höherer Bedürfnisse (...).
- Entsprechend der angegebenen Bedürfnishierarchie ist immer jenes Bedürfnis am stärksten wirksam, das unmittelbar auf das letzte, gerade noch befriedigte Bedürfnis folgt. Dieses Bedürfnis ist das dominante Handlungsmotiv.
- Immer dann, wenn ein Bedürfnis in einem bestimmten Ausmass befriedigt ist, hört es auf, dominantes Handlungsmotiv zu sein. An seine Stelle tritt ein neues, in der Regel höheres Bedürfnis, das jetzt vorherrscht."[46]

Abbildung 2: Bedürfnispyramide nach Maslow in Anlehnung an Thommen

2.3.4.2 Das Rubikonmodell

Das Rubikonmodell von Heinz Heckhausen stellt die Schwellenmotivation beim Überschreiten einer imaginären Grenze dar. Wunderer/Küpers bestimmen den Begriff Volition auf der Basis des Rubikonmodells von Heckhausen und leiten ein integratives Grundmodell über vier Differenzierungsebenen bzw. Phasen davon ab (siehe auch Abb. 1 Kapitel „Psychologie/ Soziologie").[47]

[46] Thommen 2008, S. 618

[47] Vgl. Wunderer/Küpers 2003, S. 140

1. Das Abwägen von Handlungen (Prädezisionale Phase)
2. Das Planen der Handlungsumsetzung (Präaktionale Phase)
3. Das Handeln bzw. die Durchführung (Aktionale Phase)
4. Die Bewertung bzw. Beurteilung des Handlungserfolges (Postaktionale Phase)[48]

Der Prädezisionalen-Phase gehen Wünsche voraus, welche zur Präaktionalen-Phase führen. Die Überschreitung der Schwelle oder, um die Terminologie Heckhausens zu verwenden, des Rubikons, erfolgt, nachdem die Entscheidung für eine Handlung getroffen ist und vor der Planungsphase. Diese Grenzüberschreitung bildet den Kern der Theorie. Nachdem die Entscheidung für die Handlung getroffen ist (was zum Teil auch unbewusst erfolgt), folgt der Überschreitung des „Point of no return" intentional das Anstreben des Handlungsergebnisses bzw. der Zielerreichung. Der Beweggrund des Handelns erfolgt gemäss dem Rubikonmodell somit auf Grund kognitiver wie auch emotionaler Prozesse.

2.3.4.3 X- und Y-Theorie von McGregor

Die X- und Y-Theorie von McGregor stellt zwei gegensätzliche Philosophien dar. Während die X-Theorie an den Taylorismus, dem zu Folge der Mensch von Natur aus faul ist, mahnt, hebt die Y-Theorie das Engagement des Menschen hervor.

Da gemäss McGregors X-Theorie der Mensch unwillig ist und zur Arbeit gezwungen werden muss, geht McGregor davon aus, dass das Individuum in der Arbeitswelt durch Kontrolle und, auf Grund des Kontrollergebnisses, belohnt oder bestraft werden muss. Ohne diese Mechanismen leisten die Mitarbeitenden keinen Beitrag zur Erreichung der Unternehmensziele.

McGregor lehnte diese Form der Betriebsführung, welche zu seiner Zeit (Professur 1960) vorherrschte, ab und postulierte seine Y-Theorie. Dabei stützt er sich auf Maslows Definition der Befriedigung der Bedürfnisse, dem Streben des Menschen nach Selbstverwirklichung und der damit verbundenen Übernahme von Verantwortung sowie Eigeninitiative. Um diesem Ansatz gerecht zu werden, sind betriebliche Rahmenbedingungen wie flexible Organisationsstrukturen, Selbstbestimmung, definierte Verantwortungsbereiche und kreative Arbeitsformen (z.B. Pro-

[48] Vgl. Wunderer/Küpers 2003, S. 141

jektarbeit) notwendig. Unter diesen Voraussetzungen sind Kontrollen obsolet, da sich die Mitarbeitenden mit den Zielen des Unternehmens identifizieren und im Sinne dieser Organisationsziele handeln werden.

Manager und/oder Führungspersonen, bei welchen die X-Theorie ausgeprägt ist, pflegen einen autoritären Führungsstil, welcher auch sprachlich mit Begriffen wie „Anweisung“, „Vorgesetzter“ und „Untergebene“ gekennzeichnet ist. Mitarbeitende sind bei Managern mit diesem Menschenbild „Mittel zum Zweck“. Malik erwähnt diesbezüglich: „Nicht immer, aber häufig genug sind das nichts anderes als Egozentriker *(Anmerkung: Hier ist die Rede von scheinbar besonders leistungsorientierten Managern)*, die auf eine spezielle Art von Selbstverwirklichungstrip sind. Was „sie“ brauchen, interessiert sie, nicht was die Organisation braucht.“[49]

Manager und/oder Führungspersonen, bei welchen die Y-Theorie ausgeprägt ist, führen mitarbeiter- und zielorientiert. Ihr Führungsstil wird als partizipativ/kooperativ bezeichnet. Sprachlich verwendet dieser „Führungstyp“ Begriffe wie „Mitarbeiter“, „Zielvereinbarung (MbO)“ und „Verantwortung“. Sprenger hält dazu fest: „Deshalb erhöht sich der Druck auf die Unternehmen, Abschied von bürokratischen Regularien zu nehmen und der Eigenverantwortlichkeit auf allen Ebenen mehr Freiraum einzuräumen. Dies zieht die besten Talente an und bindet sie.“[50]

2.3.5 Motivation und Gefühl/Emotion

Aussagen verschiedener Autoren weisen darauf hin, dass die Gefühlsdimension einen zentralen Einfluss auf die Beweggründe des Verhaltens hat. So erklärt beispielsweise Maslow, dass in einem gewissen Sinn fast jeder organische Zustand an sich auch ein motivierender Zustand ist und beschreibt dies am Beispiel des Sich-zurückgewiesen-fühlen einer Person: „Ein solches Gefühl hat Nachwirkungen im ganzen Organismus, sowohl in physiologischer wie auch psychischer Hinsicht. Zum Beispiel bedeutet es auch Spannung und Anstrengung und Unglücklichsein. (...) Das Gefühl des Zurückgewiesenseins selbst ist ein motivierender Zustand.“[51] Wunderer/Küpers bemerken dazu: „Aus neuerer neurobiologischer und kognitionswissenschaftli-

49 Malik 2006, S. 46

50 Sprenger 2007, S. 243

51 Maslow 2008, S. 50/51

cher Sicht werden Emotionen nicht nur als physiologische Reaktion, sondern als „quasi-kognitive" Aktivität aufgefasst. (...) Die Berücksichtigung des Emotionalen ist für die organisationale Arbeitswirklichkeit, insbesondere für Managementprozesse und damit verbundener Demotivation entscheidend. (...) Emotionen werden ökonomisch überwiegend als unerwünschte Einflüsse auf das logisch-analytische Handeln bestimmt und ausgegrenzt. Gerade im Organisationsleben sind aber kognitive Denkprozesse und emotionale Vorgänge in wechselseitiger Abhängigkeit miteinander verflochten. (...) Stimmungen und Gefühle sind so beim Entstehen und Erleiden sowie für eine Bewertung von demotivierend empfundenen Erfahrungen und den daraus erwachsenen Reaktionen wesentlich beteiligt. Dies wird besonders deutlich bei Tätigkeiten, die sog. „Gefühlsarbeit" beinhalten."[52]

2.3.6 Motivationsmuster

Der Soziologe Alfred Schütz geht davon aus, dass die Handlungen von Menschen sich an den Problemen aus dem alltäglichen Leben ausrichten. Er stellt die These auf, dass das menschliche Handeln und Denken in den Grundstrukturen, der selbstverständlichen Wirklichkeit des Menschen, seinen Anfang nimmt. Diese Wirklichkeit definiert er als „alltägliche Lebenswelt". „Die Lebenswelt ist der Inbegriff einer Wirklichkeit, die erlebt, erfahren, und erlitten wird. Sie ist aber auch eine Wirklichkeit, die im Tun bewältigt wird, und die Wirklichkeit, in welcher - und an welcher - unser Tun scheitert. (...) Mein Handeln ist durchgängig von pragmatischen Motiven bestimmt, d.h. mein Interesse richtet sich auf die anstehenden Probleme des praktischen Lebens."[53] Neben den oben beschriebenen theoretischen Motivationsmodellen, welche das entsprechende Motivationsmuster nach sich ziehen, ist der Ansatz von Schütz eher praktisch orientiert. Der Psychologe J. B. Watson, einer der Gründungsväter des Behaviorismus, stellte mit seiner Milieutheorie die Behauptung auf, dass das Verhalten des Menschen ausschliesslich von der Umwelt abhängig ist. „Wenn man ihm, Watson, ein Dutzend Kinder gebe, könne er sie zu allem erziehen, was ihm beliebe - Ärzten, Künstlern oder Bettlern. Voraussetzung sei nur, dass die Kinder alle gesund und wohlgestaltet seien und er die Kontrolle über ihre Umwelt habe. (...)

52 Wunderer/Küpers 2003, S 135/136

53 Legewie/Ehlers 1992, S. 277/278

Aus einem Kind, das der Nachkomme einer langen Reihe von „Dieben, Mördern, Betrügern und Prostituierten" sei, könne man ganz sicher durch geeignete Erziehungsmethoden einen „angesehenen und für die Gesellschaft nützlichen Menschen" machen.[54]

In der Managementlehre wird vielfach darauf hingewiesen, dass durch Führungsgeschick eine Leistungssteigerung der Mitarbeitenden erreicht werden kann (siehe auch „Leistungsmotiv" im Kapitel „Motive"). Hugo-Becker und Becker erklären hierzu: „Damit wird hier die Fragestellung nach dem ‚Warum' des Verhaltens in das ‚Wie' umgedeutet: ‚Wie kann ich die Leistungsfähigkeit meiner Mitarbeiter aktivieren?' Sie also zu motivieren etwas zu tun, was sie ohne diesen Anreiz oder Antrieb von sich aus nicht tun würden. Dem liegt damit der Gedanke zugrunde, dass die Motivation ursprünglich latent vorhanden ist, aber durch geschickte Intervention (also durch Führung) angefacht (erzeugt, erhalten, oder gesteigert) werden muss. (...) Andererseits kann aber auch die Motivation in Demotivation umschlagen, z.B. durch ungeschickte Einflussnahme wie Führungsfehler eines stramm autoritären Verhaltens. Das bedeutet, dass durch Motivieren offenbar etwas wiederhergestellt werden soll, was durch Führungsfehler verloren gegangen ist."[55]

Wenn wir nochmals eine Brücke zum Kapitel „Motivation und Gefühle/Emotion" schlagen, ist auch festzustellen, dass es eine gewisse Hierarchie der Komponenten, welche eine Handlung oder auch eine Reaktion auslösen, gibt. Wie wir dort bereits festgestellt haben, basieren Motivationen sowohl auf kognitiven wie auch emotionalen Prozessen. In den meisten Fällen kann davon ausgegangen werden, dass die emotionalen Prozesse die kognitiven Vorgänge dominieren. Bezogen auf unsere Fragestellung könnte dieser Aspekt eine gewisse Relevanz aufweisen. Fest steht allerdings, dass die vielfältigen Persönlichkeiten der unterschiedlichen Individuen, die vielfältigen (Arbeits-) Situationen und das (Arbeits-) Umfeld eines Menschen ebenso viele Facetten der Motivationsmuster hervorrufen bzw. zum Ausdruck gebracht werden können. Jeder Mensch hat eine eigene Motivationsanlage, die ihn leitet. Eine abschliessende Definition oder eine Klassifizierung in die richtigen oder falschen Motivationsmuster ist daher nicht möglich.

---

54 Legewie/Ehlers 1992, S. 245

55 Hugo-Becker und Becker 2004, S. 94/95

2.3.7 Feststellung von Motivation

Davon ausgehend, dass sich die Einflussfaktoren, das Umfeld, die Ziele und die Motive der Mitarbeitenden wie auch die Ziele einer Organisation laufend verändern, kann davon abgeleitet werden, dass die Feststellung von Motivation bei den Mitarbeitenden eine fortlaufende, niemals abgeschlossene Aufgabe ist. Die Frage lautet deshalb nicht „ob" der Mensch motiviert ist, sondern „wie" er motiviert ist.

Auch in der betriebswirtschaftlichen Literatur hat diese Erkenntnis Einzug gehalten. In der Organisationslehre spricht man beispielsweise von Organisationsentwicklung oder von der lernenden Organisation. Wobei festzustellen gilt, dass trotz einer Annäherung an die Mitarbeitenden - im Sinne „die Mitarbeitenden sind das höchste Gut eines Unternehmens" - hier nach wie vor zu erkennen ist, dass der Hauptfokus auf der Leistungssteigerung der Mitarbeitenden liegt. Thommen stellt hierbei drei Hauptziele der Organisationen in den Vordergrund:

1. „Effizienz von Organisationen: Durch eine verbesserte Anpassungsfähigkeit und ein verbessertes Problemlösungsverhalten soll die Effizienz von Organisationen gesteigert werden.
2. Förderung der Persönlichkeit des Mitarbeiters: Dadurch dass der Mitarbeiter in den organisatorischen Gestaltungsprozess einbezogen wird (...), werden die Voraussetzungen zur Selbstentfaltung geschaffen. Man spricht in diesem Zusammenhang auch von der Humanisierung der Arbeit.
3. Harmonisierung der individuellen Ziele mit den Organisationszielen: Beide Ziele müssen so aufeinander abgestimmt werden, dass Zielkonflikte minimiert und die Ziele gegenseitig akzeptiert werden."[56]

Aufgabe der Personalentwicklung ist es somit, betriebswirtschaftliche, psychologische und soziologische Aspekte zu berücksichtigen um die oben erwähnten Ziele der genannten Stakeholder zu erreichen. Die Zerteilung der Arbeit, wie sie Sprenger erörtert, erschwert dieses Unterfangen erheblich. „Als wir den Sinn der Arbeit nicht mehr sahen, begannen wir über Motivation zu reden. (...) Die Motivierung ist eine Methode, die zu einem Zeitpunkt gemacht worden ist, wo eigentlich der Sinn der Arbeit in unseren grossen Industrieorganisationen weitge-

[56] Thommen 2008, S. 717/718

hend verloren ging, weil die Arbeit in so sehr kleine Teile aufgespalten und fragmentiert worden ist, dass es kaum noch jemandem möglich ist, über seine eigene Tätigkeit, über das Teilprodukt, was er herstellt, oder die Teilverrichtung, die er macht, Sinnbezüge zum Gesamtprodukt, zum Unternehmen, zur Umwelt und seinem eigenen Leben herzustellen. (...) Identifikation mit dem Gesamtunternehmen als der gemeinsamen Sache ist nicht mehr möglich, sondern sinkt ab zu Schulterschluss und Heimat in der „Abteilung", die ihre Identität nach aussen nicht selten durch die subtile Verweigerung der Kooperation gegenüber anderen Abteilungen symbolisch aufrecht erhält."[57] Durch diese „Heimat in der Abteilung Identität" entwickeln die verschiedenen Unternehmensbereiche eigene (Fach-) Sprachen und Kulturen, bei welchen die Fähigkeit der Kooperation und des Miteinander-Redens zunehmend verloren geht. Wichtiger Teil der Personalentwicklung ist also zusätzlich noch die Aufgabe, eine gemeinsame Unternehmenssprache zu entwickeln und der Arbeit Sinn zu geben. Um diese Aufgaben erfüllen zu können, sollte in erster Linie versucht werden herauszufinden, wie die Mitarbeitenden motiviert sind. Die Management- und die Organisationslehre beschreibt, dass dafür die regelmässige Durchführung von Mitarbeiter-, Motivations- oder Beurteilungsgesprächen eine geeignete Möglichkeit ist, die individuellen Bedürfnisse und Zielsetzungen der Mitarbeitenden festzustellen. Im Wesentlichen kann dieser Aussage zugestimmt werden. Da sich jedoch Motive und Motivationsmuster durch die sich verändernden Arbeits- und Lebensumstände der Mitarbeitenden permanent verändern, reduziert sich die Feststellung der Motivation der Mitarbeitenden im Mitarbeitergespräch in letzter Konsequenz zu einer „Blitzlichtaufnahme". Sprenger führt dazu aus: „Wie aber kommt man an die Bedürfnisse seiner Mitarbeiter heran?" „Jeder weiss, dass es etwas gibt, was seine Entschlüsse in Bewegung setzt; was es ist, weiss er allerdings nicht. Er weiss auch, dass er eine antreibende Kraft in sich hat; welcher Art sie ist und woher sie kommt, weiss er jedoch nicht", so der Altpsychologe Seneca, und er nimmt damit einiges von dem vorweg, was heute wieder ins allgemeine Bewusstsein sickert: „dass uns wahrlich verschiedenartige, widersprüchliche Motive mal gleich-, mal nachrangig, mal gleich-, mal nachzeitig beschäftigen."[58] Sein Ansatz, nicht in Bedürfnisprofilen der Mitarbeitenden zu wühlen, son-

57 Sprenger 2007, S. 234/235

58 Sprenger 2007, S. 52

dern Beziehung zu suchen und Verstehen anzustreben,[59] erscheint uns deshalb als die geeignetere Methode zur Feststellung der Motivation der Mitarbeitenden in ihrem Arbeits- und Lebenskontext.

In der Literatur sind verschiedene Tests zur Erforschung oder Feststellung der Motive erwähnt. So finden beispielsweise der Thematische Auffassungstest (TAT) oder der aus diesem Test weiterentwickelte operante Motivtest (OMT) Anwendung. Obwohl der OMT explizit zur Untersuchung der von uns beschriebenen Hauptmotive „Leistungsmotiv", „Anschlussmotiv" und „Machtmotiv" geeignet ist, verzichten wir auf weitere Ausführungen, da sowohl der OMT wie auch der TAT im therapeutischen Bereich der Psychologie von ausgewiesenen Fachkräften zur Feststellung psychischer Erkrankungen durchgeführt werden und für den Einsatz im Unternehmen nicht geeignet sind.

2.4 Theorie Demotivation

In dem nachfolgenden Kapitel soll der Begriff Demotivation erläutert werden. Darin soll aufgezeigt werden, wie Demotivation entstehen kann, was die Einflussfaktoren und Ursachen sind. Weiter sollen Hinweise auf Indikatoren und Symptome von Demotivation dargestellt werden und wie diese präventiv, aber auch „therapeutisch" behandelt werden.

2.4.1 Definition Demotivation

Demotivation reduziert und blockiert Motivationsenergien oder Leistungspotenziale von Menschen oder Mitarbeitern sowie deren Engagement für das Unternehmen oder die Organisation[60]. Demotivation wird durch Motivationsbarrieren und demotivierende Prozesse innerhalb eines personalen[61], interpersonellen[62] und/oder strukturellen Kontextes verursacht. Ihr kann durch Prävention entgegengewirkt werden[63]. Demotivation basiert auf Enttäuschungserfahrungen. Die Kommunikation solcher Erfahrungen erfolgt oft indirekt über Arbeitskollegen und kann sich im schlimmsten Fall wie ein Virus über ganze

59 Vgl. Sprenger 2007, S. 52

60 Vgl. Wunderer/Küpers 2003, S.63

61 Vgl. Wunderer/Küpers 2003, S 64

62 Vgl. Wunderer/Küpers 2003, S.65

63 Vgl. Wunderer/Küpers 2003, S.63

Teams, Abteilungen, ja ganze Organisationseinheiten ausbreiten. Um dies zu vermeiden, ist eine frühe Erkennung wichtig, denn Demotivation kann erkannt werden. Indikatoren oder Symptome von Demotivation können u. a. betriebliche Statistiken wie bspw. Fehlerquoten, Absenzen und KPI-Leistungen (Leistungseinbrüche) sein. Auch kann die Ausstattung des Arbeitsplatzes einen Hinweis geben. Grundsätzlich ist jeder Mitarbeiter anfällig für Demotivation. Am anfälligsten sind jedoch beispielsweise Mitarbeiter, die innerlich bereits gekündigt haben, Unternehmen mit schwacher Firmenkultur, die im Wandel stehen, und bei welchen diese Veränderung bei den Mitarbeitern als eine zusätzliche Belastung empfunden wird. Demotivation ist nichts Statisches, d.h. sie verändert sich mit der Zeit, kann sowohl zu- als auch abnehmen. Aus diesem Grund muss je nach Zustand mit der Demotivation umgegangen und die entsprechenden Massnahmen eingeleitet werden.

2.4.2 Einflussfaktoren auf Demotivation

Demotivation wird durch verschiedene Einflussfaktoren bestimmt. Diese können personeller oder interpersonell-struktureller Art sein. Auf personeller Ebene kann demotiviertes Verhalten aufgrund des „Nicht-Könnens" - sprich Unvermögens - entstehen. Das Unvermögen basiert nicht nur aufgrund mangelnder Qualifikation (Fähigkeiten und Kompetenzen), auch können fehlende Ressourcen oder Instrumentalitäten für den Einzelnen, die das eigenständige Handeln einschränken, einen Einfluss auf Demotivation haben. Dadurch kann eine Abwehrhaltung oder ein sogenanntes „Nicht-Wollen" entstehen, was seinerseits auf ein fehlendes Commitment und auf ein demotiviertes Verhalten schliessen lässt. Unzureichende Ermächtigung deutet auf ein „Nicht-Dürfen" oder „Nicht-Sollen", was einen negativen Einfluss (im Sinne einer Förderung) auf die Demotivation hat. Schwachstellen in der Arbeits- und/oder Organisationsgestaltung können ein „Nicht-Haben" hervorrufen, was zudem durch unzureichende Kultur- und Strategiepraxen verstärkt wird[64].

64 Vgl. Wunderer/Küpers 2003, S.78

2.4.3 Motivationsbarrieren

Motivationsbarrieren sind manifestierte, individuelle, zwischenmenschliche und organisatorische Hemmfaktoren, welche die Leistung von Mitarbeitern einschränken[65]. Diese Motivationsbarrieren können durch situative Einflüsse wie wirtschaftliche Veränderungen beeinflusst werden. Unterschieden werden die Motivationsbarrieren in aktuelle und potenzielle.

2.4.3.1 Aktuelle Motivationsbarrieren

„Aktuelle Motivationbarrieren verweisen oder basieren auf gegenwärtige Betroffenheit“[66]. Um diesen entgegenzuwirken, sind „therapeutische“ Abbaumassnahmen anzuwenden. Zu den aktuellen Motivationsbarrieren zählen[67]:

- Mangelhafte Arbeitskoordination, d.h. unproduktive Tätigkeiten wie beispielsweise ineffiziente Sitzungen
- Unklare Kompetenzregelungen und/oder -Kommunikation
- Belastende und unzureichende Koordinationsprozesse wie persönliche Animositäten, Rangkämpfe, aber auch Zielkonflikte
- Organisationskultur: Hier können fehlende Identifikation, Perspektiven, eine schwache Unternehmens- und/oder Personalpolitik (wie beispielweise intransparente Kommunikation) als auch die Verhaltensweisen der Vorgesetzten und des Managements zur Förderung und/oder Stärkung von Motivationsbarrieren beitragen. Wird dem nicht entgegengewirkt, kann sich mit der Zeit eine Demotivationskultur im Unternehmen entwickeln
- Ressourcenprobleme wie zu wenig Mitarbeiter oder Mitarbeiter, die schlecht oder unzureichend für die Aufgabe qualifiziert sind
- Demotivierende Arbeitsdurchführung d.h. ständig unter sehr hohem Zeitdruck arbeiten zu müssen
- Fehlende Work-Life-Balance, was einen Einfluss auf das persönliche Leben des Mitarbeiters hat

---

65 Vgl. Wunderer/Küpers 2003, S. 22

66 Wunderer/Küpers 2003, S. 13

67 Vgl. Wunderer/Küpers 2003, S. 24

2.4.3.2 Potenzielle Motivationsbarrieren

„Potenzielle Motivationsbarrieren beziehen sich auf mögliche Reaktionen bei Demotivation“[68]. Sie bezeichnen gefährdete Bereiche, für welche es vorbeugende also prophylaktische Massnahmen einzusetzen gilt. Die empirische Erhebung von Wunderer/Küpers[69] zeigt folgende Reihenfolge (in absteigender Wertung) potenzieller Motivationsbarrieren:

- Arbeitsinhalt, d.h. der zentrale Sinn der Aufgabe. Demotivierend wirkt es, wenn der Arbeitsinhalt nicht herausfordernd, sinnvoll und ganzheitlich ist
- Beziehungsfaktoren zu den Vorgesetzten, zu Kollegen und Einflüsse auf das Privatleben
- Anerkennung: Die hohe Gewichtung zeigt, wie wichtig Respekt und Achtung sind. Auch können soziale Kontakte die Demotivation verhindern.

2.4.4 Ursachen von Demotivation

Wie in der Einleitung des Kapitels 2.4 beschrieben, führen verschiedene Ursachen zu Demotivation, worauf nachfolgend genauer eingegangen wird. Es soll gezeigt werden, dass Ursachen verschiedene Quellen haben.

2.4.4.1 Stress

Demotivation und Stress sind eng verknüpft[70]. Stress weist auf ein Missverhältnis zwischen der situativen Belastung und der Person hin[71]. Durch Überforderung, Zeitdruck und Ineffizienzen kann Stress hervorgerufen werden. Demotivationsstress, so wie wir ihn in unserem Kontext verstehen, entsteht durch demotivierende Erfahrungen. Demotivationsstress entsteht und wird intensiviert, wenn es einem Betroffenen nicht gelingt, den demotivierenden Belastungen auszuweichen, sie selbst zu bewältigen und sich zu remotivieren.

---

68 Wunderer/Küpers 2003, S. 13

69 Vgl. Wunderer/Küpers 2003, S. 23

70 Vgl. Wunderer/Küpers 2003, S. 97

71 Vgl. Wunderer/Küpers 2003, S. 97, zitiert nach: Lazarus 1966

2.4.4.2 Arbeitsinhalt

Der Arbeitsinhalt ist, wie bereits vorgängig erläutert, die stärkste potenzielle Motivationsbarriere. Unter dem Arbeitsinhalt wird die Anforderungsvielfalt, Aufgabengeschlossenheit, Bedeutsamkeit, Autonomie und Rückmeldung als Gesamtes verstanden. Ist der Arbeitsinhalt für die Person unbefriedigend, kann Demotivation entstehen. Weiter ist zu berücksichtigen, dass sogenannte Wachstumspotenziale/-motive einer Person höher zu gewichten sind als das maslowsche Defizitprinzip (siehe Kapitel Motivation), da keine Wachtumspotenziale/-motive die Demotivation verstärken. Demzufolge entsprechen Hygienefaktoren im weitesten Sinne den Treibern für Demotivation.

2.4.4.3 Unbefriedigte Bedürfnisse

Bleiben für eine Person wichtige Bedürfnisse unbefriedigt, so kann dies demotivierende Auswirkungen haben[72]. Wird das Bedürfnisniveau zurückgestuft, kann auch dies demotivierend wirken, weil es dann zu einer dauerhaften Frustration kommen kann. Auch hat ein gestörtes Verhältnis oder Gleichgewicht zwischen Arbeit und Privatleben, welches über einen längeren Zeitraum besteht, eine Dauerfrustration zur Folge und ist damit sehr stark demotivierend.

2.4.4.4 Weitere Ansätze

Bei Verletzung von psychologischen Verträgen kann die Demotivation gefördert respektive verstärkt werden. Empfundene Macht- und Bedeutungslosigkeit, aber auch soziale Isolation und Selbstentfremdung können zu sogenannten Entfremdungserfahrungen und somit zu Demotivation führen. Die innere Kündigung ist mit dem Bruch des psychologischen Vertrages gleichzusetzen und als eine besondere Art der Entfremdung zu verstehen. Dies führt zu einer extremen Art der Demotivation und somit nur noch zu „Dienst nach Vorschrift".

2.4.5 Auswirkungen von Demotivation

Demotivation wirkt sich nicht nur auf die betroffene Person aus. Auch können Teams, Abteilungen, ja sogar das ganze Unternehmen davon betroffen sein.

---

[72] Vgl. Wunderer/Küpers 2003, S. 104

2.4.5.1 Auswirkungen auf die personelle Ebene

Bei der Person kann die Demotivation kognitive Effekte hervorrufen, wie beispielsweise Konzentrationsschwäche, Leistungsschwankungen, Vergesslichkeit, reduzierte Koordination und Problemlösungsfähigkeit sowie Fehlmanipulation von Maschinen/Geräten, was schlussendlich in Arbeitsunfälle münden kann. Weiter kann die Demotivation auch zur kognitiven und emotionalen Dissonanz führen. Dies zeigt sich in Überlastung, persönlicher Unzufriedenheit respektive deren Unterdrückung ins Unterbewusstsein. Auch löst Demotivation emotionale Effekte wie Angst, Schuldgefühl, Frust, Ärger, Gereiztheit, Aggression, Ermüdung, Apathie und Depression aus. Ein weiterer Aspekt, wie sich Demotivation auswirken kann, zeigt sich in psychophysischen Reaktionen. Dies sind Stress, psychosomatische Beschwerden hin bis zu Erkrankungen. Im Extremfall kann Demotivation auch in einen Burn-Out-Zyklus münden, welcher dann von Erschöpfung geprägt und von Depressionen begleitet wird. Mitarbeiter, die demotiviert sind, können sich zurückziehen, d.h. sie versuchen Situationen, in welchen Demotivation auftreten kann, zu vermeiden. Demotivation kann auch zu innerer Kündigung führen und hat auch oft zur Folge, dass dies auch auf den familiären Bereich übertragen wird[73]. Die oben genannten Wirkungen können verstärkt werden, wenn Einflussgrössen wie Ungewissheit (bspw. Jobsicherheit) oder Einflusslosigkeit hinzukommen[74].

2.4.5.2 Auswirkungen auf die interpersonelle Ebene

Auf der interpersonellen oder zwischenmenschlichen Ebene zeigt sich Demotivation mit sozialem Stress, Rollenkonflikten und -Überlastungen. Auch ist oft eine Pseudoharmonie oder „Oberflächenidylle" zu beobachten. Es kann vorkommen, dass sich die Personen aus dem sozialen Gefüge zurückziehen. Ein weit schwerwiegenderes Problem ist die Übertragung von negativen Empfindungen auf Dritte im Unternehmen. Eine Folge davon kann das Hervortreten von Intoleranz, Spannungen und/oder Konflikten sein.

---

[73] Vgl. Wunderer/Küpers 2003, S. 64 , zitiert nach: Eckenrode/Gore

[74] Vgl. Wunderer/Küpers 2003, S. 65, zitiert nach Gebert/Rosenstil 1996 S. 118

2.4.5.3 Auswirkungen auf das Unternehmen

Für das Unternehmen haben die personellen und interpersonellen Wirkungen auch negative Effekte. Dies zeigt sich u. a. in steigenden Fehlzeiten, krankheitsbedingten Absenzen und erhöhter Fluktuation. Auch verschlechtert sich die Leistung des Unternehmens, sowohl in qualitativer als auch quantitativer Hinsicht. Weiter werden durch Demotivation die Innovationskraft, Flexibilität und Produktivität des gesamten Unternehmens gesenkt. Letzteres ist in höheren Ausschussquoten und Betriebkosten messbar. Die Demotivation zeigt auch mangelndes Engagement und reduzierte Bereitschaft zu „Spezialeinsätzen oder Sonderaufgaben". Auch können ganze Teamprozesse be- oder gehindert werden. Die Verschlechterung des Arbeitsklimas innerhalb des Unternehmens kann eine weitere Folge sein und bei einigen Mitarbeitern in extremis zu Sabotage führen[75]. Die finale Wirkung der genannten Punkte ist eine Verschlechterung der Kundenbeziehung, deren Zufriedenheit, was wiederum rückläufige Auftragseingänge zur Folge hat.

2.4.5.4 Arbeitsunzufriedenheit

Demotivation ist ein Zustand von Unzufriedenheit mit der Arbeitssituation. Um Demotivation besser zu verstehen, ist eine Differenzierung zwischen konstruktiver und „destruktiver" Arbeitsunzufriedenheit hilfreich. So zeigen „destruktive" Mitarbeiter weder einen Demotivationsabbau noch eine Remotivation. Möglicherweise basiert das Verhalten auch auf gescheiterten oder mangelhaft durchgeführten Problemlösungsversuchen. Eine solch entgangene Bedürfnisbefriedigung wird oft mit einer Erfüllungssuche in anderen Bereichen (z. B. Freizeit) „kompensiert" oder mündet in Mobbing[76]. Eine sogenannte „Pseudozufriedenheit" besteht dann, wenn eine demotivationsbedingte Unzufriedenheit erfolgreich verdrängt wird, was zu resignativer Arbeitszufriedenheit führen kann. Wenn versucht wird, die Demotivation aktiv zu überwinden, kann progressive Entwicklung der Arbeitszufriedenheit entstehen.

---

75 Vgl. Wunderer/Küpers 2003, S. 65, zitiert nach Wiendieck/Mass 1991 S. 209

76 Vgl. Wunderer/Küpers 2003, S. 64

2.4.6 Ambivalenz von Demotivation

Die Demotivation kann neben den bereits erwähnten negativen Aspekten auch positive Aspekte haben, indem sie Reaktionen auslöst. Diese positiven Reaktionen können auf personeller, interpersoneller oder struktureller Ebene auftreten und Vorteile mit sich bringen[77]. Sie sollen in den beiden folgenden Unterkapiteln aufgezählt werden. Die Reihenfolge ist nicht wertend.

2.4.6.1 Positive Reaktion auf die personelle Ebene

- Zeitweiser Ausstieg aus Dynamik aufgrund überfordernder Leistungserwartungen
- Ausgleich von als unerträglich empfundenen Belastungen
- Versuch der Wiedergewinnung an Souveränität
- Verteidigung des Eigenwertes
- Rückgewinnung von Musse und Kreativität
- Regenerative Entspannung nach intensivem Einsatz
- Ansätze eines besseren Life-Work-Balance-Verhältnisses

2.4.6.2 Positive Reaktionen auf die interpersonelle und strukturelle Ebene

- Zeigt Grenzen des Arbeitsalltags auf
- Relativierung von überforderten Leistungsprozessen im Rahmen von Group-thinking und dadurch Verhinderung von Übereilung/Hetzerei
- Förderung der Teamentwicklung

2.4.7 Prävention von Demotivation

Besonders bei potenziellen und verletzenden Motivationsbarrieren sind präventive Massnahmen relevant. Empirisch ermittelt[78] ist der Sinngehalt respektive der Arbeitsinhalt die grösste Motivationsbarriere. Um Demotivation vorzubeugen, ist es sinnvoll, den Sinn der Arbeit zu vermitteln und eine bedürfnisorientierte Gestaltung des Arbeitsinhaltes sicherzustellen. Dabei sollten immer folgende Komponenten berücksichtigt werden:

---

[77] Vgl Wunderer/Küpers 2003, S. 66

[78] Vgl. Wunderer/Küpers 2003, S. 23

- Vielfalt der Arbeit
- Bedeutung der Arbeit
- Lerngehalt innerhalb der Aufgabe
- Kreativität bei der Arbeit
- Kontrolle von Arbeit

Dienlich für eine Prävention/Prophylaxe und damit für die Demotivationserkennung ist auch die Etablierung eines sogenannten Frühwarn-Systems, das in den nachfolgend aufgeführten Unterkapiteln erläutert wird.

2.4.7.1 Strategische Frühaufklärung

Dabei geht es um die Identifikation von Unverträglichkeiten, Ermittlung von strategischem Wissen, dessen Bereitstellung und Koordination. Genau bedeutet dies eine Reduktion von Wissens- und Kommunikationsdefiziten, und das verbessert die Entscheidungsgrundlage.

2.4.7.2 „Slacks“ (Ressourcenüberschüsse)

Durch den Aufbau von Mehrfachqualifizierung, Überlappung von Aufgaben, Rollenverteilung und Entscheidungsdelegation kann Überforderung durch „Nicht-Wissen“ respektive „Nicht-Können“ entgegengewirkt werden.

2.4.7.3 Demotivationsberücksichtigte Mitarbeiterauswahl

Grundsätzlich sollten nur Mitarbeiter selektiert und gefördert werden, die auch in der Lage sind, Demotivationsprobleme bewältigen zu können. Die Selektion der Mitarbeiter sollte dabei primär auf Basis der Sozialkompetenz und weniger der Fachkompetenz erfolgen.

Bei einem laufenden Arbeitsverhältnis kann das sogenannte Mentoring helfen, unrealistische Erwartungen zu eliminieren und somit einer möglichen Demotivation vorzubeugen.

2.4.7.4 Personalbeurteilungen

Personalbeurteilungen (beispielsweise im Rahmen eines Management by Objectives) können dienlich sein, Mitarbeiter zu identifizieren, die mit Demotivation besser umgehen können. Während der Personalbeurteilung sollte sich auch Zeit für die Karriereplanung, d.h. für die Förderungs- und Weiterbildungsdiskussionen, genommen werden.

2.4.7.5 Personalpflege

Mit der Personalpflege soll eine Balance zwischen Anforderung und Belastung geschaffen werden (bspw. Work-Life-Balance). Weiter ist soziale Unterstützung am Arbeitplatz sicherzustellen, die negative Wirkungen von demotivierenden Belastungen puffert und die Remotivationsbereitschaft aktiviert, was sich wiederum positiv sowohl auf die Vertrauens- als auch auf die Kommunikationskultur auswirkt.

2.4.7.6 Präventive Führung

Unter präventiver Führung wird die Ermittlung und Erkennung von Demotivationsroutinen verstanden. Die Führungskraft soll dabei Überwindungsmöglichkeiten vermitteln. Wichtig dabei ist, einen konstruktiven Umgang mit Demotivation zu schaffen. Ziel der präventiven Führung ist, den Mitarbeiter so zu aktivieren, dass er Probleme von innen heraus selbst lösen und somit einer Demotivation vorbeugen kann.

2.5 Theorie Remotivation

Während Demotivation Motivationskräfte von Personen zerstört oder zumindest einschränkt, hat die Remotivation das Ziel, verlorengegangene Energien wiederzubeleben und zu reaktivieren[79]. Im nachfolgenden Kapitel soll das Thema Remotivation genauer betrachtet und erläutert werden.

2.5.1 Definition Remotivation

Der Begriff Remotivation bedeutet die Wiedergewinnung von verlorengegangener Motivationsenergie und -potenzialen. Das Ziel der Remotivation ist nicht zu motivieren, sondern die Hemmfaktoren zu eliminieren. Um Remotivation effizient anzuwenden, muss berücksichtigt werden, dass die Massnahmen zielgruppen- und führungsspezifisch implementiert werden. Die Aktivierung von Remotivation kann einerseits über personale, andererseits über interpersonelle Aspekte erfolgen. Es muss berücksichtigt werden, dass verändernde und zunehmende Ansprüche, Bedingungen und Anforderungen der Arbeitswelt einen Einfluss auf die Remotivation haben und einen verstärkten Bedarf nach Remotivierung fordern.

---

79 Vgl. Wunderer/Küpers 2003, S. 69

2.5.1.1 Direkte und indirekte Remotivation

Die Remotivation kann einerseits direkt oder indirekt erfolgen. Bei der direkten Remotivation werden die unmittelbar bestehenden Barrieren reduziert und abgebaut. Substitutive oder indirekte Remotivation erfolgt beispielsweise über Veränderung des Aufgabenspektrums oder -einsatzes, was die Motivationsbarrieren reduzieren respektive Demotivation aufbrechen lässt.

2.5.1.2 Selbst- und Fremdremotivation

Die Selbst-Remotivation ist - wie der Name schon ausdrückt - die Remotivation aus eigener Kraft. Sie kommt von innen heraus. Sie ist im Gegensatz zur Fremdremotivation effektiver, da diese intrinsisch gesteuert ist. Dabei versucht die Person, die unbefriedigende Lage oder Situation selbst zu verändern. Es kann sich als hilfreich erweisen, die Person bei Bedarf in diesem Veränderungsprozess zu unterstützen, da dadurch die Remotivation nachhaltiger wird. Die fremdgesteuerte Remotivation sollte eine Beeinflussung bewirken, damit die Einstellung und das Verhalten zur Aktivierung der Leistungsbereitschaft und der Potenziale gefördert wird.

2.5.2 Gestaltungsstrategien zur Demotivationsüberwindung und Remotivation

Die Förderung von Remotivation und Demotivationsüberwindung kann durch einzelne oder durch ein Zusammenspiel von verschiedenen Gestaltungsstrategien erzielt werden. Diese Strategien sind in den nachfolgenden Unterkapiteln beschrieben.

2.5.2.1 Strukturelle Führung

Die strukturelle Führung versucht mittels optimaler Gestaltung, ein remotivierendes und gleichzeitig Demotivation reduzierendes Umfeld zu schaffen. Die Ansatzpunkte einer solchen strukturellen Führung liegen sowohl in kulturellen, strategischen, organisatorischen Bereichen als auch in einer qualitativen Personalstruktur[80]. Verfeinert wird die strukturelle Führung dadurch, dass sie zudem personen- und zielgruppenspezifisch angewandt wird.

---

[80] Vgl. Wunderer/Küpers 2003, S. 35

2.5.2.2 Führungskultur

Die Unternehmenskultur beeinflusst das Denken, Handeln und Fühlen, aber auch die Wertevorstellungen der Mitarbeiter in einem Unternehmen. Eine Misstrauenskultur oder auch eine gestörte Kooperationskultur kann massgeblich zur Demotivation beitragen. Solchen Faktoren kann durch eine sogenannte Kulturgestaltung entgegengewirkt werden. Diese beeinflusst die Handlungsmuster und Wertevorstellungen in einem Unternehmen. Dadurch werden die Personen im Unternehmen zu einem Demotivation reduzierenden oder präventiven Handeln bewegt. Zudem erhöhen geteilte Werte und Orientierungsmuster die Sicherheit und tragen dadurch zum Abbau von Ängsten bei. Die Gestaltung einer Unternehmenskultur hängt jedoch stark sowohl von deren Beeinflussbarkeit, des Führungs- und Organisationsverständnisses, als auch der Vorbildfunktion von Vorgesetzen ab. Eine kulturbewusste Demotivationspolitik sollte demzufolge kooperative, selbstorganisierende und - bei Bedarf - fremdgesteuerte Möglichkeiten der Kulturgestaltung koordinieren und kombinieren[81]. Beispiele sind Weiterbildungs-, Anreiz-, Honorierungsstrategien, Jobenrichment, Jobenlargement.

2.5.2.3 Ermächtigungsstrategie

Demotivation kann durch eine zielgerichtete Ermächtigungsstrategie abgebaut werden. Wichtig dabei ist, dass diese durch regelmässiges Feedback, Lernprozesse und Teamentwicklungsmassnahmen unterstützt werden.

2.5.2.4 Empowerment

Durch Veränderungen der Rollen, Funktionen und Organisationsstrukturen kann das Empowerment erhöht und damit Remotivation bewirkt werden. Die Bedingungen, dass ein solches Vorhaben funktioniert, sind qualifizierte Führungskräfte <u>und</u> Mitarbeiter[82]. Bei dieser Gestaltungsstrategie zur Demotivationsüberwindung besteht jedoch die Gefahr, dass die zusätzliche Verantwortung als eine Art „Zumutung" empfunden wird, was dann einen Umkehreffekt mit sich ziehen und demotivieren kann.

81 Vgl. Wunderer/Küpers 2003, S. 36

82 Vgl. Wunderer/Küpers 2003, S. 36

2.5.2.5 Ressourcen-Management

Wie bereits erläutert, kann Stress aufgrund von Überlastung, fehlenden Mitteln für entsprechende Maschinen und Geräte usw. Demotivation auslösen. Damit die Demotivation aufgrund dieser genannten Punkte nicht entstehen kann respektive um zu remotivieren, sind genügende Ressourcen bereitzustellen. Die Ressourcen beschränken sich dabei nicht nur auf eine genügende Anzahl Mitarbeiter. Vielmehr müssen diese auch über die gewünschte Qualifikation verfügen, um die Aufgaben auch wahrnehmen zu können. Nebst optimalen personellen Ressourcen verhindern auch die für die Aufgabenbewältigung benötigten Informationszugänge Demotivation.

2.5.2.6 Organisationskultur

Die Organisationskultur gehört laut Wunderer/Küpers zu den stärksten Motivationsbarrieren. Hier gilt es, die Diskrepanz zwischen „Reden und Tun" zu eliminieren. Auch ist mangelhaftem Zusammenarbeiten, der Misstrauenskultur und hemmender Bürokratie entgegenzuwirken.

2.5.2.7 Arbeitskoordination

Bei dieser Motivationsbarriere sind Demotivation reduzierende Anpassungen der Struktur- und Prozessorganisation durch Entbürokratisierung, Flexibilisierung sowie Förderung der Dynamik im Unternehmen sicherzustellen. Ein möglicher Ansatz hierfür ist die Etablierung neuer Organisationsformen, wie dies beispielsweise bei Firmen wie Oticon oder Gore praktiziert wird (Spaghetti-Organisation respektive Projekt-Organisation).

2.5.2.8 Selbstorganisation

Dieser Gestaltungsstrategie kommt sicher eine besondere Bedeutung zu, da diese intrinsisch und dadurch wirksamer ist als eine extrinsisch gesteuerte Remotivation. Die Voraussetzungen dafür sind erweiterte Handlungsspielräume und Entscheidungskompetenzen. Zur erfolgreichen Umsetzung bieten sich Formen der Selbstorganisation wie Projektgruppen, Qualitätszirkel, aber auch autonome Arbeitsgruppen und Netzwerke an[83].

[83] Vgl. Wunderer/Küpers 2003, S. 37

2.5.2.9 Organisationales Wissen und problemadäquate Lernansätze

Demotivation kann durch fehlendes Wissen oder „Verlerntes" entstehen. Um dem entgegenzuwirken, können nebst den bekannten Lernformen wie Verbesserungs-, Veränderungslernen und informellem Lernen auch die Entwicklung eines selbstorganisationalen Wissenssystems sehr hilfreich sein.

2.5.2.10 Qualitative Personalstruktur

Die Entwicklung und Förderung einer qualitativen Personalstruktur trägt zu einer wirksamen Vorbeugung und Überwindung von Demotivation bei. Die Qualifikation der Mitarbeiter sollte den spezifischen Anforderungen genügen und in die Entwicklungsplanung integriert werden. Die Entwicklungsplanung kann beispielsweise im Rahmen von Zielvereinbarungsprozessen und Mitarbeitergesprächen erfolgen (siehe auch Kapitel 2.3.7. „Feststellung von Motivation"). Probleme hier können nicht vorhandener Willen zu Weiterbildung sein, aber auch ein Nichtvorhandensein von Ausbildungsmöglichkeiten. Hier sind ein weiterbildungsfreundliches Klima, Entwicklungsanreize, aber auch Erfahrungsweitergabe für eine Demotivationsüberwindung respektive Remotivation förderlich.

2.5.2.11 Coaching

Coaching ist, in diesem Kontext, eine situationsgerechte Beratung und Begleitung einer Person im beruflichen Alltag. Das Coaching kann helfen, Wahrnehmungsblockaden zu lösen und Prozesse zur Selbststeuerung zu reaktivieren. Ein spezielles Augenmerk ist einer Person in Krisenzeiten zu schenken. Dann ist es sehr hilfreich, die sozio-emotionellen Aspekte entsprechend zu berücksichtigen. Die Demotivation im Coaching kann auch überwunden werden, wenn der Coach ein konstruktives Feedback gibt. In einem solchen Fall unterstützt es die Findung neuer Lösungsmöglichkeiten. Bei Vorhandensein von Demotivation bei einer Person kann das Thema während einer Coachingsitzung direkt thematisiert und mit dem Betroffenen diskutiert werden. Diese Methode kann das Selbstvertrauen der Person stärken und zu einer Remotivation führen.

2.5.2.12 Führungsstile

Unzureichende Führungsstile wirken bei qualifizierten Mitarbeitern demotivierend. Dies belegt die empirische Untersuchung von Wunderer/Küpers, wonach mangelnde Führungsqualifikation der zweitstärkste potenzielle Demotivator ist[84]. Durch direkte, persönliche Einfluss- und Beziehungsgestaltung werden situationsspezifische Interpretations-, Kommunikations- und Koordinationsaufgaben erfüllt. Damit können Mängel in der Strukturführung ausgeglichen werden. Die direkte Führung ist dafür gedacht, das Verhalten und die Leistung von demotivierten Mitarbeitern zu evaluieren und Feedback zu geben, aber auch Anerkennung zu zeigen oder konstruktive Kritik auszuüben. Die Aufgabe einer Führungskraft bei der direkten Führung besteht darin (möglichst gemeinsam mit der betroffenen Person), die zentralen Probleme zu eruieren und nach Lösungsmöglichkeiten zu suchen. Ein autoritärer Führungsstil fördert bei vorherrschenden Wertehaltungen (siehe Kapitel 2.3.4.3 McGregors X-Theorie) die Demotivation und ist deshalb für einen Abbau nicht geeignet. Jedoch können Mitarbeiter bei einem konsultativen Führungsstil selbst auf Demotivationsprobleme hinweisen und bei der Entwicklung von Abbaumassnahmen und/oder -strategien unterstützend wirken. Wird ein kooperativer Führungsstil angewandt, so fördert der durch seine partizipative Art. Die delegative Führung erfordert höhere Anforderungen an die Personen als auch eine organisationale Reife des Teams, der Abteilung oder des Unternehmens. Durch die Frei- und Experimentierräume, selbstorganisierende Problemlösungen und eigenverantwortliches Handeln kann so Demotivation vorgebeugt und Remotivation gefördert werden. Über Zielvereinbarungen trägt die transaktionale Führung zur Klärung von Zielen bei und zeigt Wege auf, wie diese erreicht werden können. Sie hat so, was Demotivation betrifft, eine vorbeugende Wirkung. In Kombination mit der transformationalen Führung wird durch die Entwicklung der Mitarbeiter auf eine höhere Motivebene in Richtung Selbstverwirklichung und Sinnerfüllung die positive Wirkung auf Demotivation und Remotivation verstärkt (siehe dazu auch Bedürfnispyramide nach Maslow in Kapitel 2.3.4.1)[85].

---

84 Vgl. Wunderer/Küpers 2003, S. 23

85 Vgl. Wunderer/Küpers 2003, S. 41

2.5.2.13 Mitunternehmertum

Beteiligungsformen, Honorierungs- und Anreizsysteme können demotivationsabbauend wirken. Jedoch besteht hier die Gefahr, dass die extrinische Motivation die intrinische verdrängt. Deshalb muss diese mögliche Wechselwirkung im Auge behalten werden. Ein Mitunternehmertum wirkt demotivationsvorbeugend, weil spezifische mitunternehmerische Komponenten wie das Mitwissen, Mitdenken, Mitentscheiden und auch Mitverantworten dazu beitragen, Demovation abzubauen und zu remotivieren[86].

2.5.3 Grenzen von Demotivationsüberwindung

Die Grenzen der Demotivationsüberwindung liegen einerseits in der Schwierigkeit, Fremdsteuerung und -motivation erfolgreich durchzuführen. Weiter sind auch Grenzen durch unausgereifte Diagnoseinstrumentarien gesetzt. Auch treten Probleme wie Machbarkeit und Wirtschaftlichkeit sowie der Evaluation von Massnahmen zur Demotivationsvorbeugung respektive der Remotivation auf. Es gibt keine Garantie für eine dauerhafte Demotivationsüberwindung und Remotivation. Demotivation ist eine labile und volatile Grösse, die immer wieder auftreten und sich verändern kann. Deshalb ist eine ständige Beobachtung und Anpassung der Massnahmen unumgänglich.

2.6 Demografische Entwicklung

Die demografische Entwicklung in unserem Land wird eine der kommenden Herausforderungen für das Human Ressources Management darstellen. In der näheren Zukunft wird die Anzahl der erwerbstätigen Fachkräfte ihren vorläufigen Höchststand erreicht haben und wieder sinken. Bei der Erforschung der Bevölkerungsentwicklung durch das Bundesamt für Statistik sind die folgenden Szenarien entwickelt worden.

2.6.1 Parameter der Bevölkerungszunahme bzw. -abnahme

In der Schweiz liegt die durchschnittliche Kinderzahl seit fast 30 Jahren ein Drittel unter dem Wert, welcher für den Erhalt der Generation nötig wäre, was einen Prozess der Bevölkerungsschrumpfung zur Folge hat.

---

86 Vgl. Wunderer/Küpers 2003, S. 41

Andererseits hat die schweizerische Bevölkerung eine der höchsten Lebenserwartungen bei Geburt und die Werte sind in der Vergangenheit ständig weiter angestiegen. Dies hat zwar einen Einfluss auf die Bevölkerungszahl und die Altersstruktur, jedoch nicht auf die Anzahl der erwerbstätigen Personen.

Ein weiterer Parameter für die Bevölkerungsentwicklung ist die Migration. In den letzten 25 Jahren war der Wanderungssaldo der Schweiz mit dem Ausland fast durchwegs positiv. Das Schweizer Bevölkerungswachstum ist seit längerem nur durch die Folgen der Migration ausländischer Staatsangehöriger positiv.[87]

2.6.2 Entwicklung der Erwerbsbevölkerung

Aufgrund des Rückgangs von Lehrlingsausbildungen und der Zunahme von tertiären Bildungswegen mit längeren Ausbildungszeiten ist die Erwerbsbeteiligung der Jugendlichen und jungen Erwachsenen rückläufig. Ältere Menschen treten auf der anderen Seite immer früher aus der Erwerbstätigkeit zurück. Ebenso ist die Zahl der erwerbstätigen über 65-Jährigen rückläufig. Einzig die Schweizer Frauen erhöhen ihre Erwerbsbeteiligung weiter, vor allem durch Teilzeitarbeit.

Im Referenzszenario, welches das Bundesamt für Statistik erstellt hat, wächst die Erwerbsbevölkerung der Schweiz bis ca. 2018 von 4,2 Mio. auf 4,4 Mio. an. Jedoch wird ab diesem Zeitpunkt der Anstieg der Erwerbsbeteiligung der Frauen den Rückgang der Erwerbstätigkeit der Männer und das demografisch bedingte Schrumpfen der Altersklasse mit sehr hoher Erwerbsbeteiligung nicht mehr ausgleichen können. Bis 2050 wird demnach ein Absinken der Erwerbsquote auf 4,1 Mio. erwartet. Während heute 68 von 100 Personen zwischen 20 und 99 Jahren erwerbstätig sind, sind es im Jahre 2050 gerade noch 59 Personen.[88]

Es gibt mittelfristig keinen Weg, substanziell auf die Bevölkerungsentwicklung der nahen Zukunft Einfluss zu nehmen, und es ist heute schon klar, dass die Bevölkerungsentwicklung mit substanziellen Auswirkungen auf den Arbeitsmarkt verbunden sein wird.[89]

87 Dr. W. Haug, Bundesamt für Statistik, 2006, S. 5

88 Dr. W. Haug, Bundesamt für Statistik 2006, S. 7

89 Kohli/Bläuer Herrmann/Babel, Bundesamt für Statistik 2006, S. 62

2.7 Empirische Studie

2.7.1 Ziel und Zweck

Da die Recherchen zu Erhebungen und empirischen Studien zum Thema Motivation und/oder Demotivation in der Kulturbranche keine Resultate erbracht haben, haben wir uns zu einer eigenen Primärerhebung über die aktuelle Situation zum Thema entschlossen. Das erklärte Ziel der Empirie war einerseits, einen heute gültigen Einblick in die Wahrnehmung und Einschätzung von Kulturschaffenden zum Thema Demotivationsfaktoren zu erhalten. Durch die Antworten sollte es uns möglich sein, Indikatoren zu nennen, die auf die Demotivationsfaktoren hinweisen und Rückschlüsse auf die Wirkung bezüglich der Leistungsbereitschaft ziehen zu können. Andererseits wollten wir Quervergleiche ziehen zu Wunderers/Küpers' empirischer Forschung zum Thema „Motivationsbarrieren".[90]

2.7.2 Vorgehen und Auswahl Adressdaten/Zielgruppe

Insgesamt wurde der Umfrage-Link an rund 390 Adressen verschickt. Bei rund 40 Adressen handelte es sich um leitende Angestellte, die den Link an ihre Angestellten weiterleiten sollten. Hier haben wir Bestätigungen erhalten, dass der Umfragelink an mindestens weitere ca. 140 Personen verschickt wurde. Total wurden also rund 530 Adressaten angeschrieben. Der Link wurde zudem auf der Website des Kulturmanagement Network veröffentlicht (www.kulturmanagement.net). Wir möchten an dieser Stelle darauf hinweisen, dass bei der Auswahl der Adressen darauf geachtet wurde, keine Künstler (wie z.B. Schauspieler, Schriftsteller, Musiker etc.) zu berücksichtigen, sondern uns explizit auf Mitarbeitende zu konzentrieren, die Kultur ermöglichen.

Nachfolgend die Aufteilung der Adressaten nach Kultursektoren:

90 Vgl. Wunderer/Küpers 2003, S. 175–268

- 41% Filmproduktion/Verleih/Filmpromotion
- 35% Theater
- 10% Musik
- 10% Kinos
- 3% Literatur
- 1% Diverse Kultur
- Kulturmanager (via Website siehe oben)

Die Adressen sind geographisch über die gesamte deutschsprachige Schweiz verteilt, und die Aufteilung nach Geschlechtern ergab ein Verhältnis von 49% männlichen und 51% weiblichen Adressaten. Aus Gründen des Datenschutzes verzichten wir auf die Veröffentlichung der gesamten Adressliste innerhalb dieser Arbeit.

2.7.3 Vorgehen Aufbau Fragebogen

Angesichts des straffen Zeitplans war es bedauerlicherweise nicht möglich, sowohl eine quantitative wie auch eine qualitative Erhebung durchzuführen. Um zu möglichst aussagekräftigen und wissenschaftlich relevanten Resultaten zu gelangen, erschien uns die quantitative Empirie als geeigneter, da die Betroffenen sowohl geographisch wie auch bezüglich der Kultursektoren und Berufsbilder grossflächiger miteinbezogen werden konnten.

Der quantitativen empirischen Vorgehensweise sind gewisse Grenzen gesetzt. Erfahrungsgemäss darf das Beantworten der Fragen bei einer Online-Umfrage maximal 10 bis 15 Minuten dauern, da die Teilnehmer sonst die Fragen nicht zu Ende beantworten. Somit ist es nicht möglich, vertiefte Informationen über biografische Hintergründe oder soziodemografische Persönlichkeitsmerkmale abzufragen. Ebenso wenig gelingt es über die anonyme, quantitative Empirie, das kognitive Leistungsvermögen oder die Selbstkompetenzen, emotionale, kommunikative oder soziale Fähigkeiten der einzelnen Teilnehmer einzuschätzen.[91]

---

91 Vgl. Wunderer/Küpers 2003, S. 193

Die Fragen (Fragebogen) wurden in drei Teilbereiche gegliedert:

- Acht allgemeine Fragen zur Person
- Fragen zu den Motivationsbarrieren analog Wunderers/ Küpers' Empirie
- Fragen zur persönlichen Einschätzung der aktuellen Motivationsbefindlichkeit und diversen Motivationsmassnahmen

2.7.3.1 Fragen zur Person

Da die Resultate der Online-Befragung anonymisiert sein werden, mussten in diesem Abschnitt Fragen beantwortet werden, die uns für die Auswertung Hinweise auf die Person geben sollten (Geschlecht, Alter), aber auch auf deren Arbeitsverhältnis (Verweildauer in der Kulturbranche und beim aktuellen Arbeitgeber, Beschäftigungsform, Hierarchiestufe, Jahressalär, persönliche Einschätzung der Wichtigkeit, in der Kulturbranche tätig zu sein).

Auf diese Weise wird es möglich sein, grundlegende Informationen über die Gesamtheit der Umfrage-Resultate über das Verhältnis der Geschlechter, die Aufteilung nach Voll- und Teilzeit, nach selbständig und freischaffend tätigen Personen, Informationen über die Treue zu den Arbeitgebern etc. zu erhalten. Als Freischaffende werden umgangssprachlich Personen gemeint, die mit verschiedenen Arbeitgebern zeitlich befristete Arbeitsverhältnisse eingehen. Im Unterschied zu selbständig Erwerbenden sind Freischaffende jeweils der Weisungspflicht der Arbeitgeber unterworfen. Ein Beispiel sind Filmtechniker, die von Filmproduktion zu Filmproduktion wandern.

Durch das Ermitteln dieser persönlichen Daten konnten beispielsweise Inhaber von Firmen identifiziert und extrahiert werden, da sich deren Motivationsverhalten naturgemäss von demjenigen der Angestellten wesentlich unterscheidet.

2.7.3.2 Fragen zu Motivationsbarrieren gemäss Wunderer/Küpers

In diesem Abschnitt haben wir die von Wunderer/Küpers definierten 17 Motivationsbarrieren aufgenommen und sind weitgehend der Vorgehensweise der beiden Wissenschaftler gefolgt. Es lag in unserer Absicht, zu erforschen, ob sich das Motivationsverhalten der Kulturbranche wesentlich von den Resultaten der Empirie von Wunderer/Küpers unterscheidet, die aus der Befragung einer homogenen, spezifischen Gruppe des mittleren und oberen Managements entsprang.

Motivationsbarrieren identifiziert durch Wunderer/Küpers (Rangreihenfolge nicht wertend):

Arbeitsinhalt
Arbeitskoordination
Ressourcen
Arbeitsdurchführung
Anerkennung
Verantwortung
Organisationskultur
Verhältnis zu anderen Abteilungen
Verhältnis zum Team/ zu Teamkollegen
Verhältnis zum direkten Vorgesetzten
Verhältnis zum höheren Management
Unternehmens-/Personalpolitik
Honorierung
Perspektiven
Identifikation/Motivation
Einflüsse auf das persönliche Leben
Sonstige Motivationsbarrieren

Tabelle 1: Motivationsbarrieren nach Wunderer/Küpers[92]

92 Vgl. Wunderer/Küpers 2003, S. 176

Die Fragen zu den Motivationsfaktoren wurden auf zwei Perspektiven hin gestellt: einerseits sollten die wichtigsten potenziellen, andererseits die aktuellen Motivationsbarrieren bestimmt und gewichtet werden. Bei der Befragung nach den potenziellen Barrieren wurden die Teilnehmenden angehalten, sich für die drei wichtigsten Möglichkeiten zu entscheiden. Für die Befragung der aktuellen Barrieren sollte jede Barriere bewertet werden (trifft nicht zu, trifft gering zu, trifft mittelstark zu, trifft stark zu, trifft sehr stark zu) und im Anschluss die Bedeutung für die einzelne Person gewichtet werden (--, -, +, ++).

2.7.3.3 Persönliche Einschätzung von Motivation und Motivationsmassnahmen

Mit der ersten Frage sollte nochmals ein Gesamtbild der aktuellen Situation gezeichnet werden können. Die Befragten sollten beurteilen, wie sehr sie sich gesamthaft durch ihre Arbeit motiviert und durch Demotivationsfaktoren eingeschränkt fühlen sowie ob sie bezüglich Demotivationsfaktoren eine Veränderung zum Vorjahr feststellen können. Die letzte Frage zielte auf die Einschätzung von bekannten Motivationsmassnahmen hin.

2.7.4 Empirie Wunderer/Küpers

Wie schon erwähnt, haben wir unsere empirische Erhebung vor allem im mittleren Teil stark an die Empirie von Wunderer/Küpers aus den Jahren 2000/2001 angelehnt, um vergleichende Schlüsse für die Kulturbranche ziehen zu können. Gemäss den Ausführungen von Wunderer/Küpers wurden vorwiegend Klassenzimmerbefragungen im Rahmen von Nachdiplomkursen an den Universitäten St. Gallen, Krems und Bochum durchgeführt. Bei den Befragten von Wunderer/Küpers handelte es sich um 251 Führungskräfte verschiedener Mittel- und Grossunternehmen. Leider wurden keine weiteren Strukturdaten oder Angaben zur Position und Funktion im Unternehmen erhoben.[93]

Wunderer/Küpers haben ihre Empirie um eine qualitative Befragung (25 Personen) erweitert, worauf wir - wie eingangs des Kapitels bereits erwähnt - in unserem Fall verzichten mussten.

93 Vgl. Wunderer/Küpers 2003, S. 178

2.7.5 Instrument Umfrage

Durch eine Online-Umfrage können in kürzester Zeit sehr viele Zielpersonen erreicht werden. Es gibt kein Rücksendeprozedere, denn nach der Beantwortung sind die Resultate abgespeichert und augenblicklich - unter Wahrung der Anonymität - für die Forschenden ersichtlich. Die Handhabung des Anbieters http://www.umfrageonline.com erschien uns dabei als die Sinnvollste, was besonders hinsichtlich der Datenaufbereitung für die Auswertung von zentralem Interesse war.

Der Fragebogen und das Tool wurden im Vorfeld durch rund ein halbes Dutzend Personen in einem Pretest geprüft, um durch die Feedbacks die Qualität sicherzustellen und somit einen möglichst hohen Rücklauf zu gewährleisten.

Der Fragebogen wurde so gestaltet, dass die Person die Fragen nur mittels sogenannter Radio-Buttons beantworten konnte. Eine Ausnahme bildeten Ergänzungen zu potenziellen und aktuellen Motivationsbarrieren. Damit wollten wir die Auswertbarkeit der Antworten standardisieren und vereinfachen.

Die Umfrage wurde am 4.01.2010 gestartet und endete am 17.01.2010.

2.7.6 Darstellung und Diskussion der Ergebnisse

Nachfolgend werden die wesentlichen Ergebnisse aus der Online-Umfrage bei den Mitarbeitern der Kulturbranche zusammengefasst. Bei der Analyse haben wir bewusst Antworten von Geschäftsinhabern nicht berücksichtigt, weil wir der Ansicht sind, dass die Inhaber im Vergleich zu den Angestellten eine anderweitig gelagerte Motivation haben. Eine mögliche Verzerrung der Auswertung wäre die Folge, was sich dann schlussendlich in einer unpräzisen Schlussfolgerung niederschlagen würde.

Die Auswertungen wurden analog des Fragebogens in drei Bereiche unterteilt. Im ersten Teil analysieren wir die allgemeinen Informationen der Teilnehmenden und diskutieren die Resultate der Umfrage mit Erhebungen des Bundesamtes für Statistik. Im zweiten Teil gehen wir auf die Motivationsbarrieren ein. Dabei wollen wir Vergleiche mit der Erhebung von Wunderer/Küpers ziehen und diese weiter diskutieren. Im dritten und letzten Teil ziehen wir Bilanz über die Motivation von Mitarbeitern in der Kulturbranche.

2.7.6.1 Beschäftigungsverhältnis

In der nachfolgenden Abbildung werden die Umfrageteilnehmer in unterschiedliche Beschäftigungsverhältnisse aufgeschlüsselt.

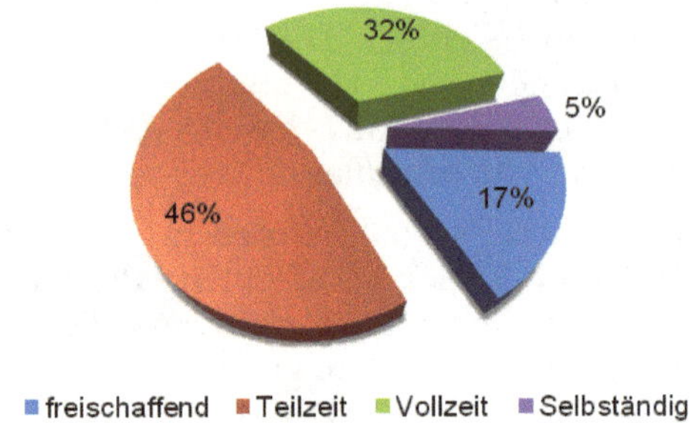

Abbildung 3: Beschäftigungsgrad von Mitarbeitern

Die Auswertung der Teilnehmer hat ergeben, dass rund 46% der Angestellten in einem Teilzeit-Angestellten-Verhältnis arbeiten. Im Vergleich zur Erhebung und Analyse des Bundes[94], die bei Kulturschaffenden den Anteil Teilzeitbeschäftigter von 34.4% aufweist, ist der Wert unserer Erhebung um rund ein Drittel höher. Ein Grund für diese grosse Differenz mag zum einen darin liegen, dass in der Erhebung des Bundesamtes auch die Künstler berücksichtigt wurden. Vergleicht man das Resultat mit dem nationalen Durchschnitt von 25.9%[95] so zeigt sich hier eine noch grössere Divergenz. Zählt man zu den 46% Teilzeit-Angestellten die 17% freischaffenden Mitarbeiter dazu, so arbeiten 63% in einem „teilzeitähnlichen" Arbeitsverhältnis. Während 32% einer Vollzeitbeschäftigung nachgehen, sind lediglich 5% selbständig.

2.7.6.2 Dauer beim aktuellen Arbeitgeber

Im nachfolgenden Diagramm wird ausgedrückt, wie lange der Mitarbeiter beim aktuellen Arbeitgeber beschäftigt ist. Es zeigt, dass 22% weniger als ein Jahr beim aktuellen Arbeitgeber tätig sind. Weitere 28% gaben an, zwischen 1 und 3 Jahren beim jet-

---

94 Vgl. Bericht der Arbeitsgruppe Bundesamt für Kultur, Bundesamt für Sozialversicherungen und Staatssekretariat für Versicherungen, S. 5

95 Vgl. Bericht der Arbeitsgruppe Bundesamt für Kultur, Bundesamt für Sozialversicherungen und Staatssekretariat für Versicherungen, S. 7

zigen Arbeitgeber zu arbeiten. 13% der Umfrageteilnehmer nannten eine Beschäftigungsdauer zwischen 4 und 5 Jahren.

Gerade mal ein Fünftel arbeitet zwischen 6 und 10 Jahren und 17% seit mehr als zehn Jahren beim aktuellen Arbeitgeber. Die Hälfte aller Mitarbeiter ist weniger als 4 Jahre beim aktuellen Arbeitgeber tätig, was auf eine hohe Fluktuation schliessen lässt.

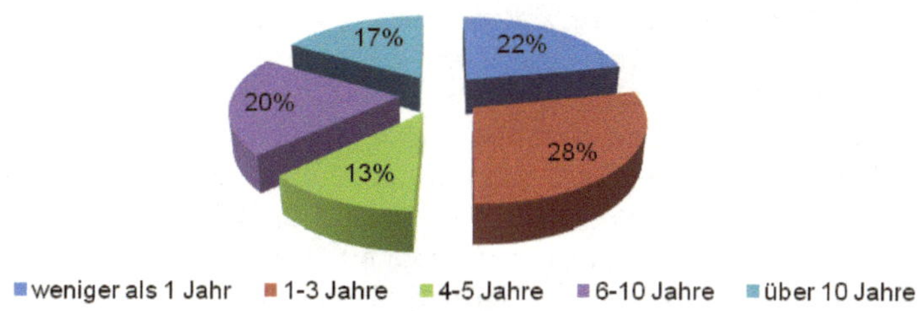

Abbildung 4: Dauer beim aktuellen Arbeitgeber

2.7.6.3 Hierarchiestufe

Beim folgenden Diagramm stellen wir das Verhältnis zwischen Angestellten, Kadermitarbeitern und Geschäftsführern dar. Es zeigt, dass sich 66% der Umfrageteilnehmer in einem normalen Angestelltenverhältnis befinden.

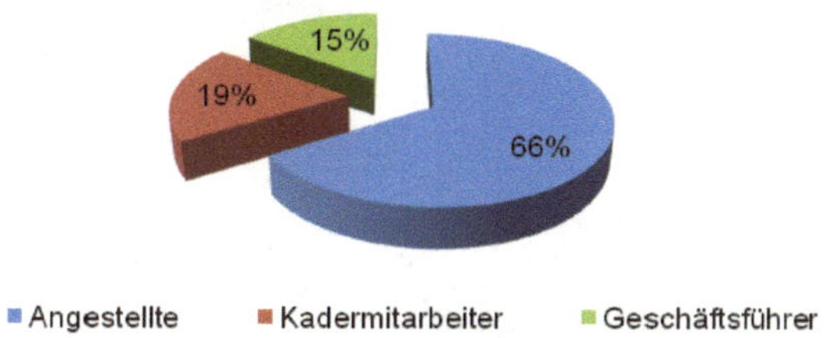

Abbildung 5: Hierarchiestufe

Werden die 19% Kadermitarbeiter dazugezählt, so haben 85% mindestens einen direkten Vorgesetzten. Die restlichen 15% sind Geschäftsführer. Es ist jedoch darauf hinzuweisen, dass diese keine Inhaber sind und demzufolge kann davon ausgegangen werden, dass diese ebenfalls eine übergeordnete Hierarchiestufe als Vorgesetzte haben (Verwaltungsrat, Inhaber o.ä.). Aus diesem Grund haben wir auch diese Gruppierung für die quantitative Umfrage zugelassen.

2.7.6.4 Einkommensstruktur

Betrachtet man die untenstehende Grafik der Einkommensstruktur, werden folgende Punkte deutlich:

52% der Befragten, also 22% mit bis zu CHF 20.000 und 30% mit einem Jahreseinkommen zwischen CHF 20.000 und 50.000, verdienen deutlich weniger als den statistisch ermittelten Schweizer Durchschnittslohn (brutto) von CHF 66.000[96] (Basis ist der erhobene monatliche Bruttolohn aus der Lohnstrukturerhebung 2004 multipliziert mit zwölf). Der Grund für diesen hohen Anteil von niedrigen Einkünften mag auf die hohe Anzahl von Teilzeitbeschäftigten zurückzuführen sein. In der nächsthöheren Einkommensklasse (jährliches Einkommen zwischen CHF 50.000 und 80.000) sind 24% der Umfrageteilnehmer enthalten. In dieser Kategorie liegt auch das schweizerische Durchschnittseinkommen (CHF 66.000) und auch der nationale Durchschnitt in der Kulturbranche von jährlich CHF 79.788. Lediglich 17% der Teilnehmenden gaben an, jährlich zwischen CHF 80.000 und CHF 120.000 pro Jahr zu verdienen. Auffallend ist, dass keine der befragten Personen mehr als CHF 120.000 pro Jahr verdient.

96 Vgl. Bericht der Arbeitsgruppe Bundesamt für Kultur, Bundesamt für Sozialversicherungen und Staatssekretariat für Versicherungen, S. 7

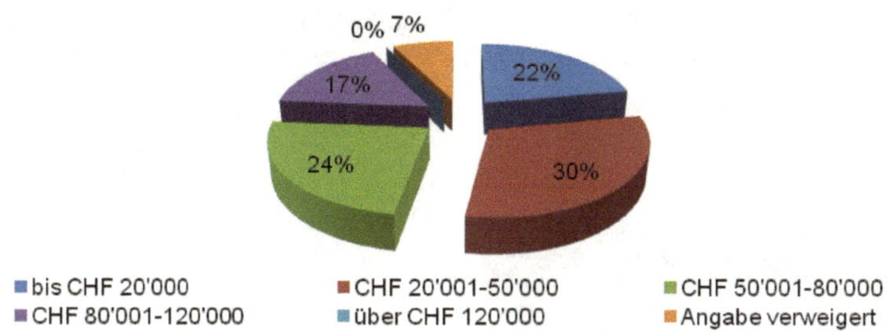

Abbildung 6 : Einkommensstruktur

2.7.6.5 Geschlechteraufteilung

Die Grafik der Geschlechteraufteilung weist ein deutliches Bild auf. So zeigt sie, dass der Anteil des weiblichen Geschlechts mit 60% um die Hälfte höher war als derjenige der männlichen Kollegen.

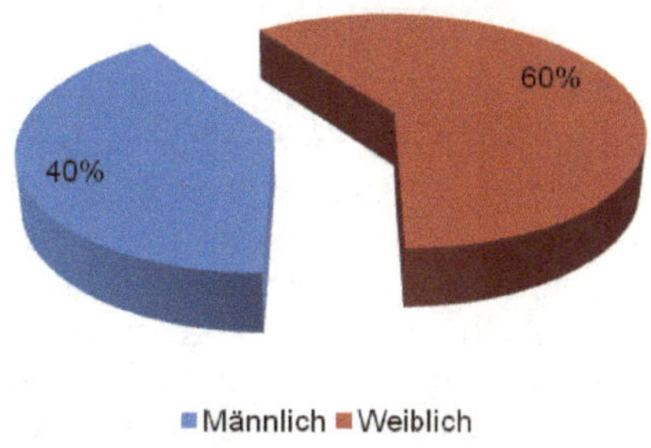

Abbildung 7: Geschlechterverteilung

Analysiert man die Zahlen ein wenig genauer und setzt das Geschlecht mit dem Beschäftigungsgrad in Relation, so zeigt sich deutlich, dass der Anteil der Arbeitnehmerinnen im Verhältnis zu den Arbeitnehmern sowohl bei der Teilzeitbeschäftigung als auch bei den Freischaffenden stark differiert.

Während bei den Männer nur 16% der Teilnehmer angaben, in einem Teilzeit-Arbeitsverhältnis zu stehen, sind es bei den Frauen 29%.

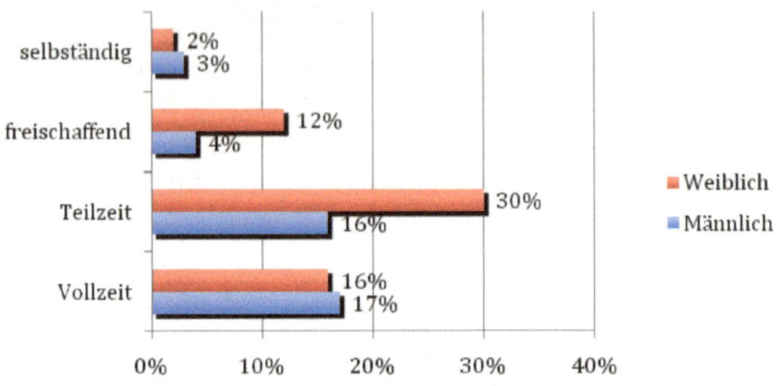

Abbildung 8: Vergleich Geschlecht und Beschäftigungsgrad

Ein proportional noch höherer Unterschied ist bei den freischaffenden Angestellten auszumachen. Hier stehen 4% freischaffenden Männer deren 12% Frauen gegenüber. Die Gründe für die grosse Differenz mögen einerseits in der Tatsache liegen, dass Frauen eine höhere Affinität für die Beantwortung von Umfragen haben. Jedoch die weitaus grössere Wahrscheinlichkeit liegt in der Vermutung, dass Frauen (oft mit Kindern) viel eher einer Teilzeitbeschäftigung nachgehen als Männer.

2.7.6.6 Altersstruktur

Die Abbildung 9 schlüsselt die Umfrageteilnehmer in verschiedene Altergruppen auf. Die Altersspanne beginnt bei unter 25 Jahren und endet bei den über 60-Jährigen. Es ist ersichtlich, dass 58% der Beschäftigten zwischen 30 und 50 Jahren alt sind. Dies bedeutet, dass diese Altergruppe noch mindestens 15 Jahre berufstätig sein wird.

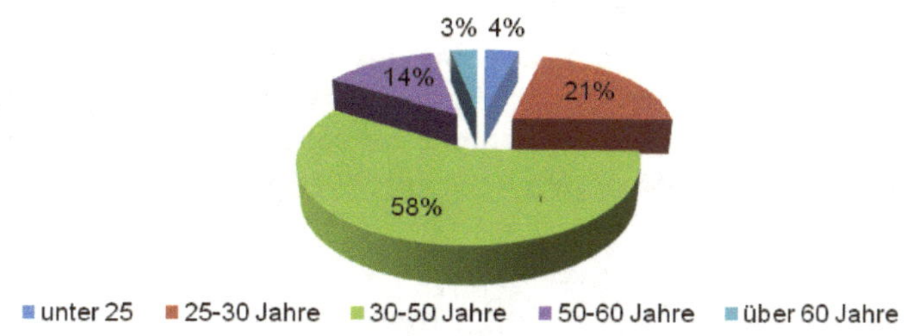

Abbildung 9: Altersstruktur

Die nächste, zweithäufigste Gruppe sind die 25–30-Jährigen, welche 21% der Umfrageteilnehmer ausmachten. Bei den 50–60-Jährigen wurden 14% der Umfrageteilnehmer gezählt. Die kleinste Gruppe machten die unter 25-Jährigen (4%) und die über 60-Jährigen (3%) aus.

2.7.6.7 Branchentreue

Die nachfolgende Grafik zeigt, dass 65% der Befragten seit mehr als fünf Jahren in der Kulturbranche tätig sind. 48% sind seit mehr als 10 Jahren, während 17% zwischen 6 und 10 Jahren in der Kulturbranche tätig.

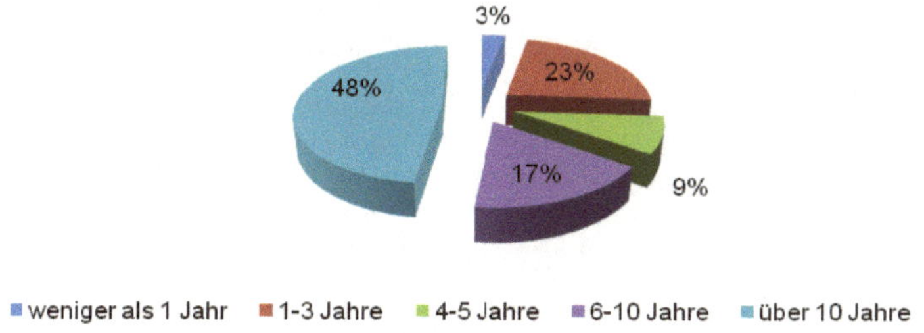

Abbildung 10: Branchentreue

23% der Teilnehmer sind zwischen 1 und 3 Jahren in der Branche, während 9% zwischen 4 und 5 Jahren und 3% weniger als ein Jahr kulturschaffend sind. Leider gibt es seitens des Bundesamtes für Statistik keine Erhebungen, mit welchen die Zahlen hätten verglichen werden können.

2.7.6.8 Wichtigkeit, in der Kulturbranche tätig zu sein

Beim folgenden Diagramm sticht ein Punkt schnell ins Auge. 56% der Angestellten betrachten es als wichtig, in der Kulturbranche zu arbeiten, jedoch nicht als sehr wichtig, wie es von weiteren 37% der Befragten beurteilt wurde.

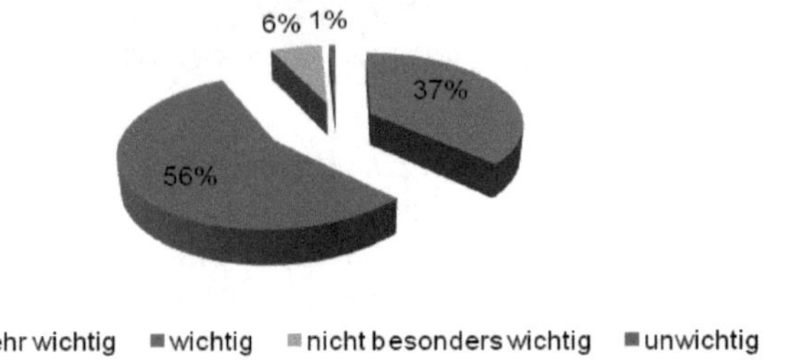

Abbildung 11: Wichtigkeit, in der Kulturbranche zu arbeiten

Es kann interpretiert werden, dass bei diesen 56% eine latente Gefahr besteht, in die nächst tiefere Kategorie (nicht besonders wichtig) abzudriften. Dann besteht natürlich die Möglichkeit, dass diese Mitarbeiter sich auch vorstellen können, künftig nicht mehr in der Kulturbranche tätig zu sein. Interessant wäre hier zu analysieren, ob dies im Vergleich zu anderen Branchen durchschnittlich ist oder ob dies ein Phänomen der Kulturbranche ist. Dies würde jedoch den Umfang dieser Masterarbeit sprengen.

2.7.6.9 Potenzielle Motivationsbarrieren

Bei den Fragen 9 und 10 sind wir auf die potenziellen und aktuellen Motivationsbarrieren eingegangen. Im ersten Schritt haben wir die Teilnehmenden gebeten, sich aus einer Liste die 3 wichtigsten potenziellen Faktoren auszuwählen, die sie am meisten demotivieren würden. Die Auswertung hat folgendes Bild hervorgebracht:

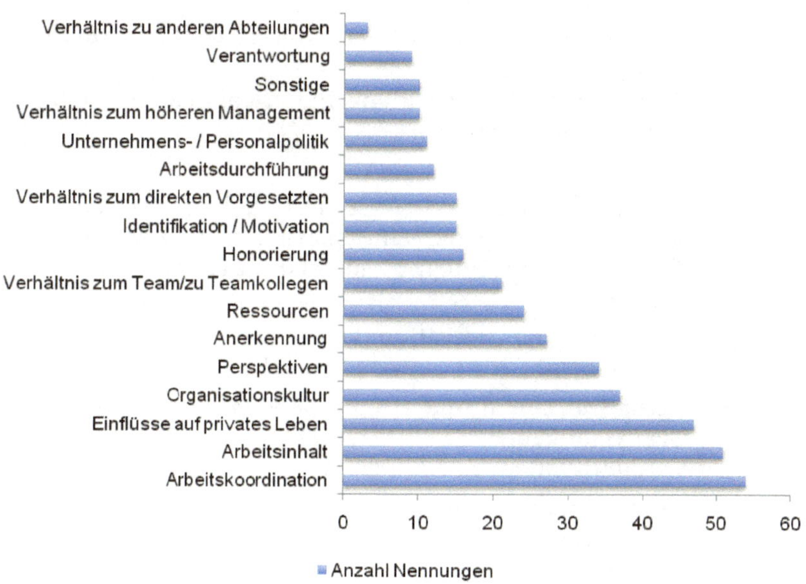

Abbildung 12: Potenzielle Motivationsbarrieren

Die Top 3 mit ähnlich hoher Anzahl Nennungen sind demzufolge:

1. **Arbeitskoordination** (Unklare Kommunikation/ Aufgaben-/Kompetenzabgrenzungen/Zielbestimmungen)
2. **Arbeitsinhalt** (ist nicht herausfordernd/sinnvoll, ist zu unbestimmt/unter-/überfordernd/macht keinen Spass)
3. **Einflüsse auf das persönliche Leben** (Fehlende Balance zwischen Arbeit und Freizeit/Gefährdung psychischer und physischer Gesundheit)

Ebenfalls wichtig, mit jeweils über 20 Nennungen, sind:

1. **Organisationskultur** (Widersprüche zu eigenen Werten/Reden und Verhalten differieren/ Misstrauenskultur/etc.)
2. **Perspektiven** (zu wenig neue, herausfordernde Aufgaben/Entwicklungschancen/Aufstiegsmöglichkeiten/etc.)
3. **Anerkennung** (Unbefriedigende Anerkennung/Feedback/unfaire Kritik)
4. **Ressourcen** (Ungenügende Anzahl, Qualität von Mitarbeitern/Budget)
5. **Verhältnis zum Team** (Mangelnde Qualifikation/Motivation/Zusammenarbeit)

Im unteren Mittelfeld stehen:

6. **Honorierung** (Fehlende Leistungsgerechtigkeit/zu hohes Einkommensgefälle/Intransparenz/unzureichende, demotivierende Anreizsysteme/Leistungs-/Erfolgsbeteiligung)
7. **Identifikation/Motivation** (Fehlende Identifikation mit Management, Team, Unternehmen, Kunden)
8. **Verhältnis zum direkten Vorgesetzten** (Mangelnde Fachqualifikation/Motivierung/Förderung/ Vorbildfunktion/Zuverlässigkeit)
9. **Arbeitsdurchführung** (Ungünstige Arbeitsbedingungen/zu grosser Zeitdruck)

Nur spärliche Nennungen haben die folgenden Motivationsbarrieren erhalten:

10. **Unternehmens-/Personalpolitik** (Intransparent/ widersprüchlich/ständig wechselnd/fehlend/ inkonsequent)
11. **Verhältnis zum höheren Management** (Mangelhaftes mitarbeiterorientiertes Denken/Vorbild-/Führungs-/ Kommunikationsverhalten)
12. **Sonstige** (Fehlender Unternehmenserfolg/Arbeitsplatz-/ Beschäftigungssicherheit/Produkt-/Branchenprobleme)
13. **Verantwortung** (Unklar/zu wenig/zu viel/überlappend)
14. **Verhältnis zu anderen Abteilungen** (Abhängigkeiten/ Zielkonflikte/gestörte Kooperation/ungleiche Erfolgs- und Anerkennungschancen)

Auffallend sind hier aus unserer Sicht weniger die am meisten genannten, sondern vielmehr die wenig genannten Faktoren, wie beispielsweise „Verhältnis zu anderen Abteilungen", was möglicherweise auf die Heterogenität und Einzigartigkeit der Berufsbilder zurückzuführen ist und demzufolge wenig Konkurrenzdenken oder Abhängigkeiten entstehen lässt.

Sehr interessant erscheint uns die tiefe Wertung des Faktors „Verantwortung", was scheinbar in einem Widerspruch zur hohen Anzahl Nennung des Faktors „Arbeitsinhalt" steht. Hierzu haben wir verschiedene Thesen: Möglicherweise wird die (Eigen-) Verantwortung als Teil der Sinnhaftigkeit des Arbeitsinhaltes gesehen und in diesem Faktor mitbewertet. Oder aber „Verantwortung" ist kein erstrebenswertes Ziel, da sie sich zumindest in den kreativen Berufsbildern wie selbstverständlich ergibt und wenig Perspektive zulässt. Eine weitere These ist, dass es sich bei den Kulturbetrieben vorwiegend um Kleinst-KMUs handelt, wo sich das Tätigkeits-Spektrum relativ gross und weniger spezifisch gestaltet und keine starren Hierarchie-Gefüge den Handlungsspielraum der einzelnen Angestellten beeinträchtigen.

Eine weitere Auffälligkeit birgt die Aufteilung nach interpersonellen, personalen und strukturellen Bezugsebenen, wie sie im Kapitel 2.4.2. zum Thema Demotivation bereits beschrieben wurden. Interpersonelle Ebenen, also Verhältnis zu Management, zu Arbeitskollegen oder anderen Anspruchsgruppen, kommen in der Rangliste der potenziellen Motivationsbarrieren erst im Mittelfeld und im unteren Bereich zum Tragen.

Der Vergleich unserer Resultate mit der Empirie von Wunderer/Küpers bezogen auf potenzielle Motivationsbarrieren:

Empirie Kulturbranche	Empirie Wunderer/Küpers	Motivationsbarriere
1	14	Arbeitskoordination
2	1	Arbeitsinhalt
3	4	Einflüsse auf privates Leben
4	6	Organisationskultur
5	8	Perspektiven
6	5	Anerkennung
7	12	Ressourcen
8	3	Verhältnis zum Team
9	13	Honorierung
10	2	Verhältnis zu Vorgesetzten
11	7	Identifikation/Motivation
12	16	Arbeitsdurchführung
13	10	Unternehmens-/ Personalpolitik
14	15	Verhältnis zum höheren Management
15	11	Sonstige
16	9	Verantwortung
17	17	Verhältnis zu anderen Abteilungen

Tabelle 2: Vergleich Empirie mit Wunderer/Küpers potenzielle Motivationsbarrieren

Es gibt mehrere Faktoren wie Arbeitsinhalt, Einflüsse auf das private Leben, Organisationskultur, Perspektiven, Anerkennung etc., die sehr ähnlich bewertet wurden und somit branchen- und hierarchieübergreifende Hinweise auf die Grundbedürfnisse für das Arbeitsverhältnis sind.

Der augenfälligste Unterschied ist einerseits die „Arbeitskoordination" die bei Wunderers/Küpers' Befragung eine weniger wichtige Position einnimmt und bei unseren Umfrage-Teilnehmern auf Platz 1 der potenziellen Motivationsbarrieren steht. Hier darf jedoch vorweggenommen werden, dass diese

Motivationsbarriere bei Wunderer/Küpers in der Rangreihenfolge der aktuellen Motivationsbarrieren Rang 1 belegt.

Weiter fällt auf, dass die interpersonellen Motivationsbarrieren bei Wunderer/Küpers zu den Top-Motivationsbarrieren zählen, während sie in der Kulturbranche wie schon erwähnt als weniger wichtig wahrgenommen werden.

2.7.6.10 Aktuelle Motivationsbarrieren

Zur Befragung der aktuellen Motivationsbarrieren wurden die Teilnehmenden gebeten, jede einzelne Motivationsbarriere auf ihren aktuellen Einfluss zu bewerten.

Die Auswertung der Resultate zu den aktuellen Motivationsbarrieren erfolgte durch ein Punktesystem, welches die Stärke des Zutreffens subsumierte. In der zweiten Runde wurde die Gewichtung der einzelnen Motivationsbarrieren mit einberechnet.

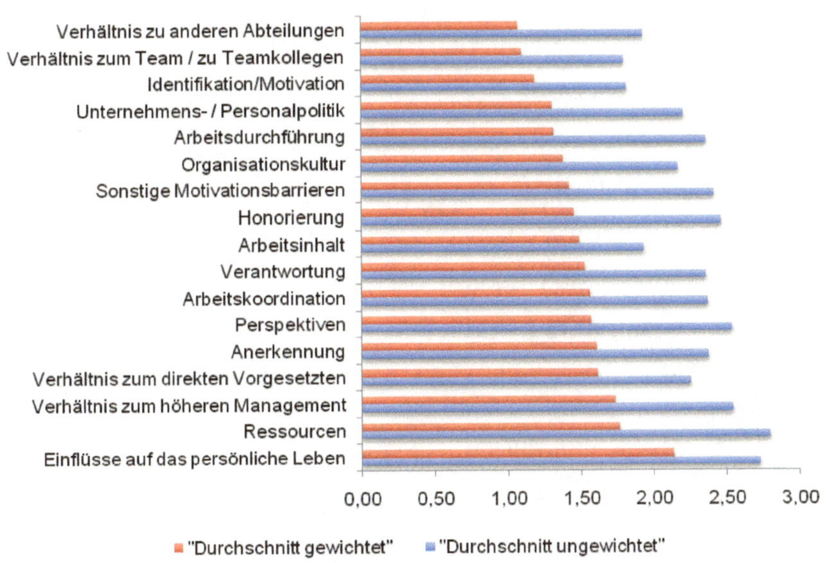

Abbildung 13: Aktuelle Motivationsbarrieren

Klare Spitzenposition belegt in dieser Rangliste der Faktor „Einflüsse auf das persönliche Leben", welcher bereits bei der Nennung der potenziellen Faktoren auf Platz 3 lag.

Die Top 4:

1. Einflüsse auf das persönliche Leben (Fehlende Balance zwischen Arbeit und FreizeitGefährdung psychischer und physischer Gesundheit)
2. Ressourcen (Ungenügende Anzahl, Qualität von Mitarbeitern/Budget)
3. Verhältnis zum höheren Management (Mangelhaftes mitarbeiterorientiertes Denken/Vorbild-/Führungs-/Kommunikationsverhalten)
4. Verhältnis zum direkten Vorgesetzten (Mangelnde Fachqualifikation/Motivierung/Förderung/Vorbildfunktion/Zuverlässigkeit)

Ebenfalls sehr wichtig sind die folgenden Faktoren:

5. Anerkennung
6. Perspektiven
7. Arbeitskoordination
8. Verantwortung

Im unteren Mittelfeld rangieren:

9. Arbeitsinhalt
10. Honorierung
11. Sonstige Motivationsbarrieren
12. Organisationskultur

Wenige Nennungen haben die nachfolgenden Faktoren erhalten:

13. Arbeitsdurchführung
14. Unternehmens-/Personalpolitik
15. Identifikation/Motivation
16. Verhältnis zum Team
17. Verhältnis zu anderen Abteilungen

Beschreibt man die stärksten vier Demotivationsfaktoren zusammenfassend, ergibt sich daraus ein Bild von überbelasteten Kulturmitarbeitenden, die mangels genügend Ressourcen ein Ungleichgewicht der Work-Life-Balance beklagen und dies dem Fehlverhalten des höheren Managements und den direkten Vorgesetzten anlasten.

Im Weiteren wird das Fehlen von Anerkennung als wichtiger aktueller Faktor genannt, was möglicherweise durch eine professionelle Feedback-Kultur relativ einfach behoben werden könnte.

Das Fehlen von Perspektiven erscheint uns jedoch ein typisches Merkmal für die Kulturbranche zu sein. Einerseits sind die kreativen, gestalterischen Berufe im Kultursektor klar abgegrenzt und das Stellen-Angebot eher bescheiden. Die Souffleuse kann nicht ohne Weiteres als Bühnenmalerin arbeiten und der Schreiner nicht problemlos in die Technik wechseln, was im administrativen Bereich viel eher möglich ist. Zudem sind in Kleinst-KMUs, die im Kultur-Sektor weit verbreitet sind, die Entwicklungs-Chancen begrenzt, da es wenig Hierarchiestufen gibt.

Als unbedeutende Motivationsbarrieren können die Verhältnisse zu Team und Abteilungen betrachtet werden.

Eine auffällige Veränderung ergibt sich, wenn die Motivationsbarrieren in die Bezugsebenen interpersonell/personal/strukturell gegliedert werden. Die interpersonelle Ebene, die bei der Einschätzung von potenziellen Demotivationsfaktoren noch als eher unbedeutend eingestuft wurde, erscheint nun vorwiegend im oberen Drittel. Es ist deutlich erkennbar, dass es sich dabei um Konflikte in der Interaktion mit Vorgesetzten handelt (das Verhältnis zu direkten Vorgesetzten und zum höheren Management, die Anerkennung als auch Perspektiven).

Der Vergleich unserer Resultate mit der Empirie von Wunderer/Küpers bezogen auf aktuelle Motivationsbarrieren:

Empirie Kulturbranche	**Empirie Wunderer/Küpers**	**Motivationsbarriere**
1	3	Einflüsse auf das persönliche Leben
2	4	Ressourcen
3	6	Verhältnis zum höheren Management
4	9	Verhältnis zum direkten Vorgesetzten
5	11	Anerkennung
6	8	Perspektiven
7	1	Arbeitskoordination
8	12	Verantwortung
9	14	Arbeitsinhalt
10	10	Honorierung
11	16	Sonstige Motivationsbarrieren
12	2	Organisationskultur
13	5	Arbeitsdurchführung
14	7	Unternehmens-/ Personalpolitik
15	13	Identifikation/Motivation
16	17	Verhältnis zum Team/ zu Teamkollegen
17	15	Verhältnis zu anderen Abteilungen

Tabelle 3: Vergleich Empirie mit Wunderer/ Küpers aktuelle Motivationsbarrieren

Wenn wir die Rangreihenfolgen der Kulturmitarbeitenden und der Manager des mittleren und höheren Kaders von Wunderer/Küpers vergleichen, fällt auf, dass sich die Manager stärker mit den negativen Auswirkungen von schlechter Arbeitskoordination oder Arbeitsdurchführung, mangelhafter Organisationskultur und negativer Unternehmens-/Personalpolitik auseinanderzusetzen haben.

Bei den Mitarbeitenden aus dem Kultursektor bestätigt sich, wie in unserer These angenommen, der positive Einfluss des unkomplizierten Umgangs innerhalb der Teams. Dafür haben sie andererseits vermehrt mit dem Verhältnis zu Vorgesetzten, mit ungenügender Anerkennung und - bemerkenswerterweise - mit dem Arbeitsinhalt zu kämpfen.

Sehr ähnlich gelagert sind im oberen Bereich die starke Bewertung der Motivationsbarrieren „Einflüsse auf das persönliche Leben", „Perspektiven", „Ressourcen", was erneut auf allgemeine - nicht kultur- oder rangspezifische - Gefahren für die Beziehung zwischen Arbeitgebern und Arbeitnehmern hinweist.

Das Thema „Honorierung" ist sowohl bei Wunderers/Küpers' als auch bei unserer empirischen Untersuchung im Mittelfeld einzustufen.

Vergleich potenzielle und aktuelle Motivationsbarrieren Empirie Kulturbranche

potenzielle	aktuelle	Motivationsbarriere
3	1	Einflüsse auf das persönliche Leben
7	2	Ressourcen
14	3	Verhältnis zum höheren Management
10	4	Verhältnis zum direkten Vorgesetzten
6	5	Anerkennung
5	6	Perspektiven
1	7	Arbeitskoordination
16	8	Verantwortung
2	9	Arbeitsinhalt
9	10	Honorierung
15	11	Sonstige Motivationsbarrieren
4	12	Organisationskultur
12	13	Arbeitsdurchführung
13	14	Unternehmens-/Personalpolitik
11	15	Identifikation/Motivation
8	16	Verhältnis zum Team/ zu Teamkollegen
17	17	Verhältnis zu anderen Abteilungen

Tabelle 4: Vergleich aktuelle und potenzielle Motivationsbarrieren Empirie Kulturbranche

Bei der Gegenüberstellung der potenziellen und der aktuellen Motivationsbarrieren stellen wir grundsätzlich fest, dass denjenigen Motivationsbarrieren, die im ersten Drittel der Rangliste ein ähnliches Ranking aufweisen, ein besonderes Augenmerk geschenkt werden muss. Es handelt sich dabei um schwerwiegende potenzielle Motivationsbarrieren, die in der aktuellen Arbeitssituation ebenfalls eine zentrale Position einnehmen, was wiederum die Demotivationsentwicklung begünstigt.

„Die Einflüsse auf das persönliche Leben" erscheinen diesbezüglich als brisantester Faktor, dem unbedingt grosse Beachtung geschenkt werden muss.

Auf einer zweiten, aber immer noch wesentlichen Stufe sind die Barrieren „Perspektiven" und „Anerkennung" zu nennen. Auch diesen beiden Barrieren sollte zur Verhinderung von Demotivation grosse Aufmerksamkeit geschenkt werden.

Die Entwicklung der interpersonellen Motivationsbarrieren muss ebenfalls näher analysiert werden, wie schon weiter oben erwähnt wurde.

2.7.6.11 Bilanz Motivation/Demotivation

Die von den Befragten gezogene Bilanz hinsichtlich der aktuellen Arbeitsmotivation zeigt, dass insgesamt 70% der Mitarbeitenden in der Kulturbranche stark bis sehr stark durch die Arbeit motiviert sind, während sich 30% stark bis sehr stark durch Demotivationsfaktoren beeinflusst fühlen. Eine tendenzielle Verschlechterung im Vergleich zum Vorjahr kann nicht festgestellt werden. Die Auswertung zeigt ein mehr oder weniger ausgeglichenes Bild (siehe die folgenden drei Grafiken).

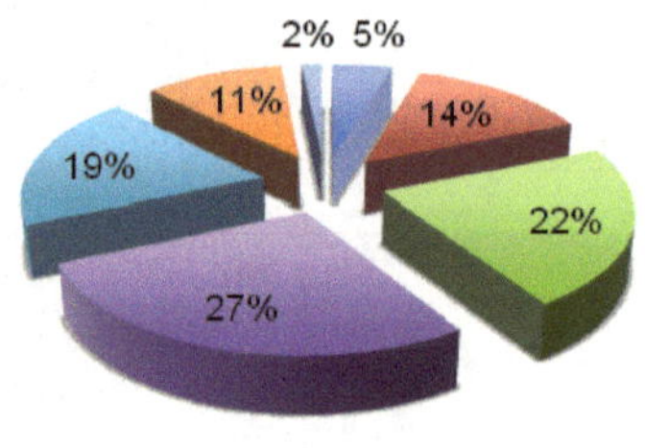

Abbildung 14: Einschränkung durch Demotivationsfaktoren

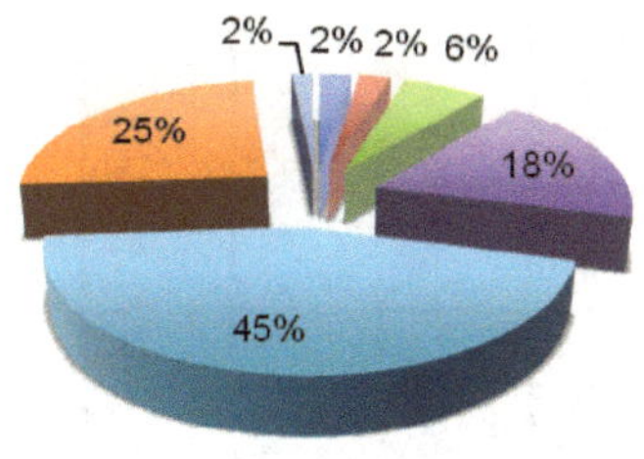

Abbildung 15: Grad der Motivation durch Arbeit

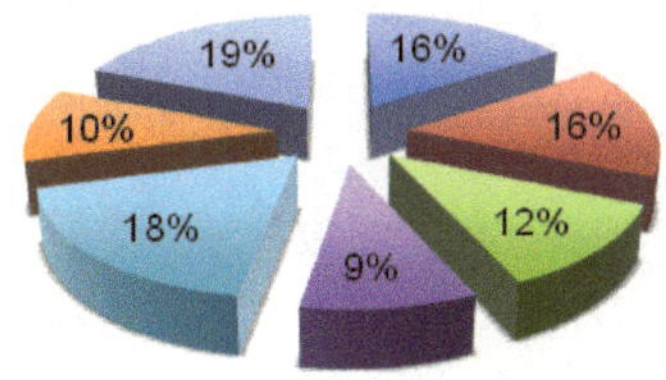

Abbildung 16: Vergleich Einschränkung der Motivation zum Vorjahr

2.7.6.12 Motivationsstabilisatoren

Als mögliche Massnahmen zur Stabilisierung oder gar Förderung der Motivation fallen die häufigsten Nennungen auf Feedbackkultur (72%), Mitarbeiter-Entwicklungs-Massnahmen (69%) und Management by Objectives auf persönliche Ziele (65%). Die monetären Incentives liegen im Mittelfeld und werden somit nicht eindeutig als motivationsfördernd oder -hemmend eingestuft. Job-Rotation wird als ungeeignete Massnahme zur Motivationsstabilisierung eingestuft und eindeutig abgelehnt (65%).

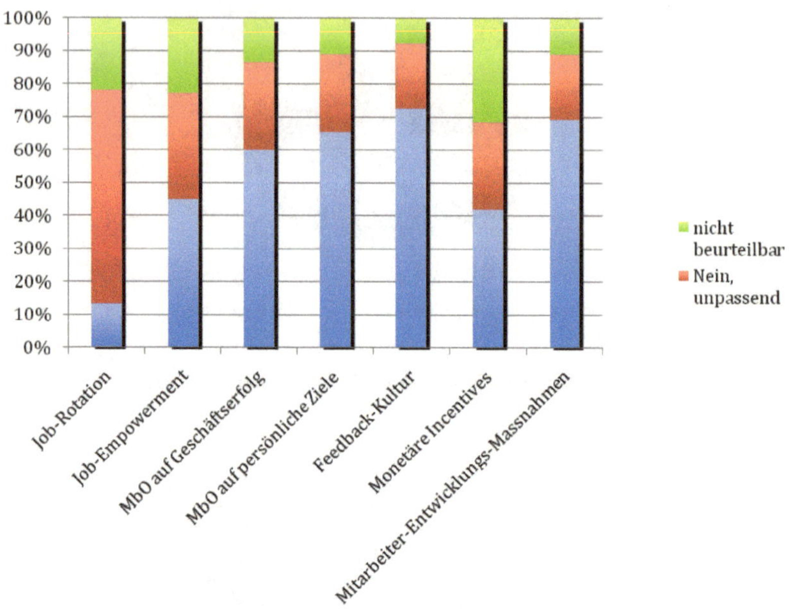

Abbildung 17: Motivationsstabilisatoren

3 Synthese/Schlussfolgerung

3.1 Zusammenfassung der Erkenntnisse aus Theorie und empirischer Studie

3.1.1 Allgemeine Erkenntnisse

Durch die breite, aus unterschiedlichen Blickwinkeln durchgeführte Betrachtung und Bearbeitung des Theorieteiles Motivation/Demotivation ist es uns gelungen, ein umfassendes Bild zum Thema zu erhalten. Um dies zu erreichen, bearbeiteten wir Literatur mit den Ansätzen:

- Arbeitswissenschaft (z.B. Wunderer/Küpers)
- Betriebswirtschaft/Organisationslehre (z.B. Thommen)
- HR Management/Leadership (z.B. Malik/Sprenger als wissenschaftliche Querdenker mit ausgeprägtem Praxisbezug)
- Psychologie (z.B. Maslow/Hugo-Becker und Becker)

Unabhängig von der wissenschaftlichen „Heimat" der Autoren stellt die intrinsische und die extrinsische Motivation jeweils einen zentralen Inhalt bei den Ausführungen dar. Dass sich diese (intrinsische und extrinsische Motivation) gegenseitig beeinflussen und nicht unabhängig voneinander sind bringen Osterloh/Weibel deutlich zum Ausdruck.[97]

Im Weiteren war die Klassifizierung der Faktoren zur Erhaltung von Motivation von Wunderer/Küpers für uns von grosser Bedeutung und stellte eine wichtige Grundlage zur Erarbeitung unserer empirischen Studie dar. Sie stellen fest, dass Motivation erhalten werden kann durch:

- Vielfalt der Arbeit
- Bedeutung der Arbeit
- Lerngehalt der Arbeit
- Kreativität der Arbeit
- Kontrolle und Coaching[98]

---

[97] Vgl. Osterloh/Weibel 2006, S. 42

[98] Vgl. Wunderer/Küpers 2003, S. 23

Dass dabei „die Berücksichtigung des Emotionalen in der organisationalen Arbeitswirklichkeit insbesondere für Managementprozesse und damit verbundene Demotivation entscheidend ist“[99], war eine weitere wichtige Erkenntnis. Die im Theorieteil Motivation zitierten Aussagen des Soziologen Alfred Schütz, welcher von der Ausrichtung des Handelns auf die „alltägliche Lebenswelt“ bzw. dem persönlichen Lebensplan ausgeht[100], aber auch die Anregungen von Sprenger und Malik halfen uns bei unserer Forschungsarbeit, die praktischen bzw. realistischen Alltagssituationen der Erwerbstätigen in der Kulturbranche nicht aus den Augen zu verlieren. Wunderer/Küpers und Maslow et al. stellten hingegen ein wichtiges Gegengewicht für unser Verständnis theoretischer Modelle dar. Ihre Feststellungen zur Sinnhaftigkeit der Arbeitsinhalte, zum menschlichen Streben nach Selbstbestimmung und Selbstverwirklichung und der damit verbundenen Entstehung von Motivation waren bedeutsam für unsere Analyse der Umfrageergebnisse. Die Erkenntnis, dass Motivation durch den stattfindenden Wertewandel in der Gesellschaft und dem damit verbundenen Wandel der Arbeitsbedingungen und der Ansprüche an eine ausgewogene Work-Life-Balance beeinflusst wird, war für unsere empirische Arbeit von grosser Bedeutung.

3.1.2 Erkenntnisse hinsichtlich der Führungsarbeit

Dass Führungspersonen, Führungsverhalten und Führungsstil die Motivation von Mitarbeitenden stark beeinflussen, war eine erste wichtige Erkenntnis in Bezug auf die Führungsarbeit. Die Empfehlung von Wunderer/Küpers, sich in der Führung prophylaktisch auf die Demotivation zu konzentrieren, um einen Flächenbrand zu verhindern,[101] hat uns bei der Analyse und unseren Schlussfolgerungen stark beeinflusst.

Sprengers Zitat „Motivation ist unwidersprechlich Sache des Einzelnen. Ihr Freiraum zu geben ist Sache der Führung“[102] hat uns während der gesamten Arbeit begleitet und uns die Bedeutung der Führungsverantwortung permanent vor Augen geführt. Zentral war für uns hierbei, dass das Management nicht für die Motivation des Einzelnen verantwortlich sein kann, wohl aber für die Schaffung von Rahmenbedingungen, die den

[99] Wunderer/Küpers 2003, S. 135

[100] Vgl. Legewie/Ehlers 1992, S. 277/278

[101] Wunderer/Küpers 2003, S. 63

[102] Sprenger 2007, S. 258

Mitarbeitern Freiraum zur Entwicklung ermöglichen und damit sowohl die Zweckerfüllung von Organisationen als auch die Anliegen der Menschen miteinander zu vereinbaren.[103] Wunderer/Küpers stützten unsere Feststellung durch ihre Aussage, dass das Ziel von Remotivation nicht die Motivation der Mitarbeitenden sein soll, sondern die Eliminierung von Hemmfaktoren, welche die Leistung der Mitarbeiter einschränken.[104]

Abschliessend können unsere Erkenntnisse zusammengefasst wie folgt festgehalten werden:

Fremdmotivation ist nachhaltig nicht oder nur begrenzt möglich. Wenn es aber dem Management gelingt, ein Arbeitsumfeld zu schaffen, welches dem Individuum erlaubt, sich einbringen zu können, Verantwortung zu übernehmen und sich in der Arbeitsaufgabe (selbst) zu verwirklichen, entsteht bei den Mitarbeitenden intrinsische Motivation, welche für sie selbst und für die Unternehmen ein äusserst wertvolles Gut darstellt.

3.1.3 Empirische Erkenntnisse

Die hohe Rücklaufquote von 27% und der Fakt, dass die Teilnehmer zum Teil mehrmals in den Fragebogen geklickt haben, bis er komplett ausgefüllt war, lassen auf ein hohes Interesse der Kulturschaffenden am Thema Demotivation und Wege zur Verhinderung schliessen. Die Kulturschaffenden sind sehr branchentreu und es ist ihnen mehrheitlich wichtig bis sehr wichtig, in der Kulturbranche tätig zu sein (siehe Kapitel 2.7.6.7/Abb 10). Auch der verhältnismässig tiefe Lohn (siehe Kapitel 2.7.6.4./Abb. 6) scheint dieser Verbundenheit keinen Abbruch tun zu können. Der Demotivationsfaktor „Honorierung" wurde sowohl als potenzielle wie auch als aktuelle Motivationsbarriere im Mittelfeld genannt, woraus wir schliessen, dass die Honorierung zwar Thema ist, aber keine tragende Rolle für die Motivation respektive Demotivation in der Kulturbranche einnimmt.

Wie bereits in der Studie des Bundesamtes für Statistik konstatiert wurde (siehe Kapitel 2.1. „Begriffserklärung Kulturbranche") ist auch in unserer empirischen Forschung klar festzustellen, dass der Anteil von Teilzeit-Arbeitenden und Freischaffenden sehr hoch ist und zudem einen ausserordentlich hohen Frauenanteil aufweist. Die zu ergreifenden Massnahmen zur

103 Vgl. Malik 2006, S. 46

104 Vgl. Wunderer/Küpers 2003, S. 22

Verhinderung von Demotivation müssen also diesen Fakten unbedingt Rechnung tragen. Das Management in der Kulturbranche ist angehalten, sich mit gender-spezifischen Instrumenten auseinanderzusetzen und der Koordination von Teilzeit-Arbeitenden durch den Einsatz einer strukturellen Führung genügend Gewicht beizumessen (siehe Kapitel 2.5.2.1.).

Arbeitsunzufriedenheit ist nicht gleichbedeutend mit Demotivation. Die aus persönlichen Erfahrungen wahrgenommenen Frustrationen bei Mitarbeitenden der Kulturbranche sind gemäss unserer empirischen Forschung nicht in erster Linie auf eine grundsätzliche Demotivation zurückzuführen. Noch ist keine grosse Demotivation zu erkennen, aber es werden Motivationsbarrieren wahrgenommen.

Wenn wir uns nun aber diesen wahrgenommenen Demotivationsfaktoren widmen, ergibt sich aus den vier meist genannten Demotivationsfaktoren - wie bereits zuvor beschrieben - zusammenfassend ein Bild von deutlicher Unzufriedenheit aufgrund von mangelnden Ressourcen, einem Ungleichgewicht der Work-Life-Balance und eines problematischen Verhältnisses zum höheren Management oder den direkten Vorgesetzten. Die Verschiebung der Motivationsbarrieren der interpersonellen Bezugsebene von unwichtig (potenzielle Demotivationsfaktoren) hin zu sehr wichtig (aktuelle Demotivationsfaktoren) deutet nochmals darauf hin, dass in der Beziehung zwischen Arbeitgebern und Arbeitnehmern im Kultursektor Defizite bestehen. Diese so rasch wie möglich zu beheben, erscheint uns unumgänglich, um die nach wie vor vorhandene Motivation nicht zu zerstören.

Vielen Kulturmitarbeitenden mangelt es offensichtlich an Perspektiven. Dies ist aufgrund der enormen Spezialisierungsgrade, den raren Jobangeboten und den meist sehr kleinen Unternehmensgrössen ein kulturspezifisches Thema. Diese Motivationsbarriere zu überwinden, ist nicht ganz einfach, und eine Möglichkeit, die Vermittelbarkeit der Mitarbeitenden zu steigern, kann wohl nur durch die Offenheit gegenüber Massnahmen wie Job-Rotation erfolgen. Diese Entwicklungsmassnahme wurde aber deutlich abgelehnt.

Eine weitere Motivationsbarriere, die mit dem direkten Verhältnis zwischen Arbeitnehmenden und Arbeitgebern in Zusammenhang steht, ist das Fehlen von Anerkennung. Was zudem durch die hohe Nennung der Motivationsstabilisators „Feedbackkultur" verdeutlicht wurde. Auch die Nennung der Motivationsstabilisatoren weist nochmals klar auf die Beziehung Vorgesetzte/Angestellte hin, die klares Verbesserungspotenzial aufweist.

3.2 Schlussfolgerung

3.2.1 Allgemeine Schlussfolgerung

Feedbackkultur, Mitarbeiter-Entwicklungs-Massnahmen und Management by Objectives auf persönliche Ziele liegen inhaltlich nahe beieinander. Während die Feedbackkultur hauptsächlich das „daily business" (gezieltes eingesetztes Briefing/ Debriefing) betrifft, ist das Thema Management by Objectives auf persönliche Ziele eher mittel- bis langfristig ausgerichtet und wird durch die entsprechenden Mitarbeiter-Entwicklungs-Massnahmen unterstützt. Diese „Trilogie" stellt gemäss unserer empirischen Studie somit den wesentlichen Ansatzpunkt zur Verhinderung von Demotivation bei Mitarbeitenden in der Kulturbranche dar.

3.2.2 Damoklesschwert demografische Entwicklung

Wie die demografische Entwicklung zeigt, wird in Zukunft der Kampf um Fachkräfte zunehmen. Dies bedeutet, dass die Unternehmen ihre Mitarbeiter nicht mehr uneingeschränkt auswählen können. Sie werden im Gegenteil darauf angewiesen sein, für die Arbeitnehmer attraktive Arbeitsplätze mit fördernden Rahmenbedingungen anbieten zu können. Insbesondere - und das haben unsere Auswertungen sehr deutlich gezeigt - müssen die Unternehmer und Manager der Kulturbranche diesem Faktum Rechnung tragen und auf ihre Mitarbeiter eingehen, sie entwickeln und ein positives Motivationsumfeld schaffen. Tun sie dies nicht, laufen die Unternehmen der Kulturbranche Gefahr, dass sich die Mitarbeiter einem anderen Unternehmen anschliessen oder sich im schlimmsten Fall ganz von der Kulturbranche abwenden. Ein Indikator für die Brisanz der Situation ist die hohe Anzahl von Befragten, welche es als wichtig erachten, in der Kulturbranche tätig sein zu können, es jedoch unterlassen haben, dies als „sehr wichtig" einzustufen.

3.2.3 Kulturmangel in der Kulturbranche?

Eine offene, ehrliche und direkte Kommunikations-Kultur trägt zur Klärung zwischenmenschlicher Beziehungen im Alltag bei. Dies ist offensichtlich in der Kulturbranche ein besonders wichtiger Faktor. Ursprung dafür ist vermutlich die ausgeprägte Heterogenität der „Skills and Grades", welche in der Branche anzutreffen sind. Jede Berufsperson ist in ihrem Aufgabengebiet hochspezialisiert und muss ihren spezifischen Auftrag vollumfänglich und korrekt ausführen und darf trotzdem das Gesamtziel des Projektes oder der Produktion nicht aus den Augen verlieren. Wir gehen davon aus, dass dies auch der Grund für die eindeutige Ablehnung der Job-Rotation ist. Findet in dieser komplexen Aufgabenbewältigung keine oder mangelnde Kommunikation statt, ist die Zielerreichung gefährdet oder zumindest erschwert. Es ist offensichtlich, dass sich die Kulturbranche nur begrenzt mit Personalentwicklungsmassnahmen auseinandergesetzt hat und die Feedback-Kultur nicht ausgeprägt gelebt wird. Im weitesten Sinne sind die Mitarbeiter oft auf sich alleine gestellt und erhalten von der Führung nicht die gewünschte und auch notwendige Unterstützung. Folgen davon können Überlast - Stichwort mangelnde Ressourcen -, mögliche Ineffizienzen bei der Arbeitsorganisation, ein „gestörtes" Verhältnis zum Vorgesetzen bis hin zu negativen Einflüssen auf das private Leben sein. Letzteres birgt insbesondere darum grosses Risikopotenzial, weil diese Motivationsbarriere sowohl bei den potenziellen als auch bei den aktuellen Demotivationsfaktoren im Ranking auf den ersten drei Plätzen zu finden ist. Um diesen Risiken entgegenzuwirken, ist es sehr empfehlenswert, eine Feedback-Kultur zu implementieren und zu pflegen.

3.2.4 Vom Patron zum Coach

Bei den Unternehmen in der Kulturbranche handelt es sich primär um kleine und Kleinstbetriebe, welche oft von den Gründern oder Gründungsmitgliedern geführt werden. Wir denken, dass sich in der Reifung des Unternehmens die Geschäftsleitung primär um das Überleben und den geschäftlichen Erfolg gekümmert hat und weniger um eine ganzheitliche Führung. Die Führung ist daher eher patriarchisch oder „patronhaft" geprägt. Eine zeitgemässe Führungskultur mit entsprechendem Führungsstil, wie sie heute verstanden wird, ist nur begrenzt anzutreffen. Wie die Auswertung gezeigt hat, wollen die Mitarbeiter nach neuesten HR-Management-Ansätzen geführt werden. So soll der Führungsstil sich vom Patronhaften abwenden und das Führungsverhalten den hohen Frauenanteil berücksichtigen. Vielmehr soll die „neue" Führungskraft die Rolle eines Coaches einnehmen, welcher die Mitarbeiter gezielt führt und diese nicht bevormundet. Wir gehen dabei jedoch nicht vom „Pursuit of Happyness Approach" aus (siehe Kapitel 2.3.4), sondern von einer Führungskultur, wie sie in Kapitel 2.5.2.2. näher beschrieben wird, welche zu einem Demotivation reduzierenden oder präventiven Handeln bewegt.

3.2.5 Management by Objectives

Wie im Theorieteil (Motivation und Demotivation) unserer Arbeit erwähnt, ist die Pflege und das Halten (Retention) der Mitarbeitenden eine wichtige Aufgabe des Managements. Vergleichen wir dies mit Maslows Theorie der Selbstverwirklichung, kann davon ausgegangen werden, dass Mitarbeitende der Kulturbranche augenscheinlich grossen Wert auf die Sinnhaftigkeit ihrer Arbeit legen und sich den dafür notwendigen Freiraum wie auch die Unterstützung der Betriebe für Mitarbeiter-Entwicklungs-Massnahmen wünschen. Wenn wir J. P. Thommen folgen, kann durch die Schaffung von Voraussetzungen zur Selbstentfaltung auch die Leistungsbereitschaft der Mitarbeitenden gesteigert werden, was einer Win-win-Situation für Arbeitnehmer und Arbeitgeber gleich kommt[105].

Management by Objectives auf persönliche Ziele ausgerichtet ist somit die logische Konsequenz und folgerichtige Massnahme, um eine zielführende Feedbackkultur und Personalentwicklung im Unternehmen zu erreichen.

3.2.6 Mitarbeiterunzufriedenheit = Demotivation?

Bei unserer Untersuchung haben wir festgestellt, dass keine Korrelation zwischen Demotivation und Arbeitsunzufriedenheit besteht. In der Empirie sind laut Umfrage 71% der Befragten stark bis sehr stark motiviert. Dennoch zeigen sich bei näherer Analyse Unzufriedenheiten, die mittel- und langfristig möglicherweise in Demotivation münden können. Da dies nicht Bestandteil dieser Arbeit ist, können wir diesen Punkt nicht abschliessend beurteilen. Eine weiterführende Forschung, beispielsweise im Rahmen einer weiteren Masterarbeit, wäre hier sicher zu empfehlen. Wir stellen aber fest, dass in der Konstellation von wahrgenommener Arbeitsunzufriedenheit und „noch"-Motivation Gefahrenpotenzial vorhanden ist.

105 Vgl. Thommen 2008, S. 717/718

3.3 Beurteilung der These

Die Erkenntnisse aus der Theorie zeigen klar, dass die Identifikation mit dem Arbeitsinhalt eines der Kernelemente für Motivation bei der Arbeit ist. Auch sind die Anstellungsbedingungen in der Kulturbranche im gesamtschweizerischen Vergleich tatsächlich eher beschwerlich durch die vielen Teilzeitstellen und das tiefe Lohnniveau, was vielmals parallele Mehrfach-Anstellungen zur Folge hat. Unsere Arbeit bestätigt weiter, dass die Mitarbeitenden der Kulturbranche sehr wohl Motivationsbarrieren wahrnehmen und Mitarbeiter-Entwicklungsmassnahmen wie Feedback-Kultur oder Management by Objectives, etc. begrüssen würden. Auch die Auswirkungen der demografischen Entwicklung auf die Erwerbsbevölkerung sind, wie angenommen, gravierend und unterstreichen die Dringlichkeit des Themas dieser Arbeit. Was jedoch durch unsere empirische Studie nicht bestätigt wurde, war die Annahme, dass sich bereits bei vielen Mitarbeitern in der Kulturbranche Demotivation breitgemacht hätte. Die Mitarbeitenden beurteilen sich selbst grösstenteils zwar nicht als sehr motiviert, aber doch immerhin als motiviert. Dies lässt darauf schliessen, dass sich die Beschäftigten im Kultursektor bis anhin nur sehr schwer demotivieren liessen. Ein weiteres wichtiges Ergebnis ist, dass die persönlich wahrgenommene Mitarbeiter-Unzufriedenheit nicht mit Demotivation gleichzusetzen ist.

Trotzdem sind wir der Auffassung, dass die Arbeitgeberinnen und Arbeitgeber im Kultursektor in näherer Zukunft vermehrt um motivationsstabilisierende Rahmenbedingungen für ihre Angestellten besorgt sein sollten. Das Pendel schwingt zurück, und bald wird der Arbeitsmarkt tendenziell wieder am Austrocknen sein. Die schon heute klar erkennbaren Motivationsbarrieren in der Kulturbranche werden dann schwerer wiegen, da das Jobangebot und somit die Auswahl für die Arbeitnehmenden grösser sein wird.

4 Anhang

4.1 Quellenverzeichnis

4.1.1 Literatur

Adorno Theodor (2008), Minima Moralia. Reflexionen aus einem beschädigten Leben, Frankurt am Main

Duden (2006), Die Schriftliche Arbeit kurz gefasst, Mannheim, Leipzig, Wien, Zürich

Duden (2007), Das Fremdwörterbuch, Mannheim, Leipzig, Zürich, Wien, Zürich

Hugo- Becker Annegret/Becker Henning (2004), Psychologisches Konfliktmanagement, München

Legewie Heiner/Ehlers Wolfram (1992) Knaurs moderne Psychologie, München

Malik Fredmund (2006), Führen, Leisten, Leben, Frankfurt/Main

Maslow Abraham H. (2008), Motivation und Persönlichkeit, Reinbek bei Hamburg

Osterloh Margit/Weibel Antoinette (2006), Investition Vertrauen, Wiesbaden

Simon Walter (2006), Führung und Zusammenarbeit, Offenbach

Sprenger Reinhard K. (2007), Mythos Motivation, Frankfurt

Thommen Jean-Paul (2008), Managementorientierte Betriebswirtschaftslehre, Zürich

Wunderer Rolf/Küpers Wendelin (2003), Demotivation - Remotivation, München

4.1.2 Internet

- Wikipedia in http://www.wikipedia.ch (diverse Daten)

4.1.3 Statistiken

4.1.3.1 Entwicklung der Alterspyramide, 1875–2004

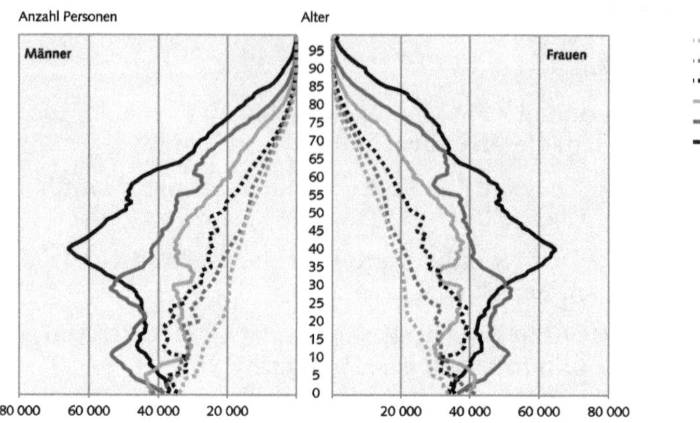

Quelle: BFS/ESPOP

4.1.3.2 Zusammengefasste Geburtenziffer

Quelle: BFS/ESPOP

4.1.3.3 Entwicklung der männlichen und weiblichen Lebenserwartung im Alter von 65 Jahren, 1876–2004

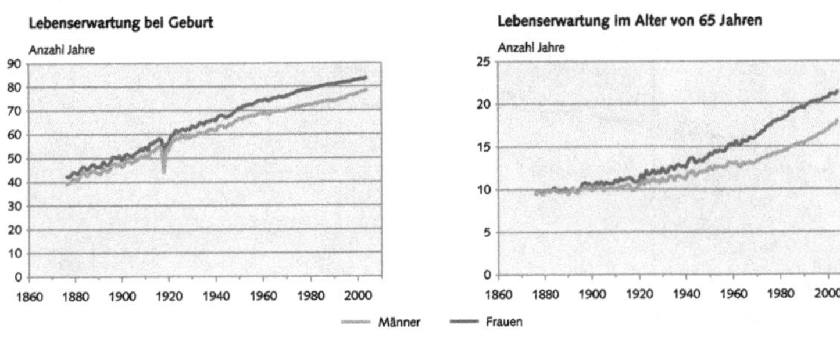

Quelle: BFS/ESPOP

4.1.3.4 Einwanderungen und Auswanderungen gemäss drei Grundhypothesen

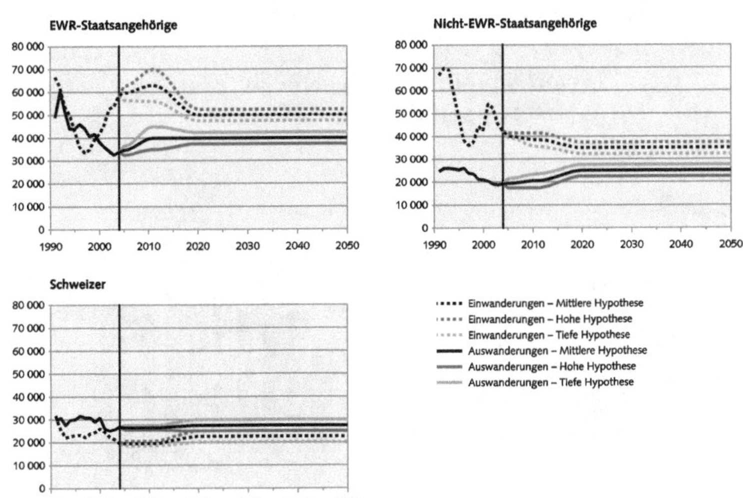

Quelle: BFS/ESPOP

4.1.3.5 Entwicklung der Gesamtbevölkerung gemäss den drei Grund- und den beiden Alternativszenarien, 1991–2050

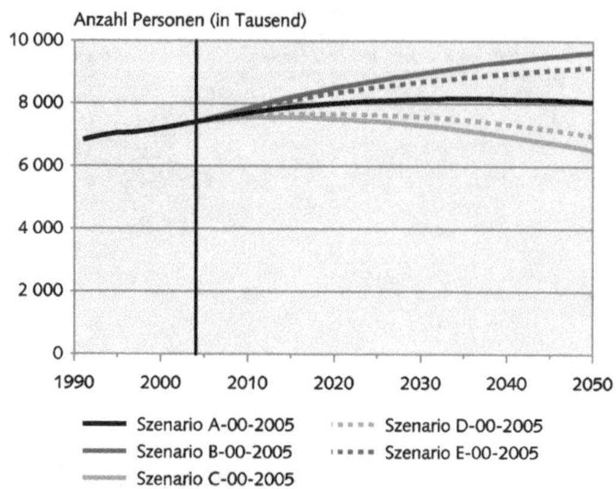

Quelle: BFS/ESPOP

4.1.3.6 Erwerbsquote nach Geschlecht und Altersgruppen, 2004 und 2050

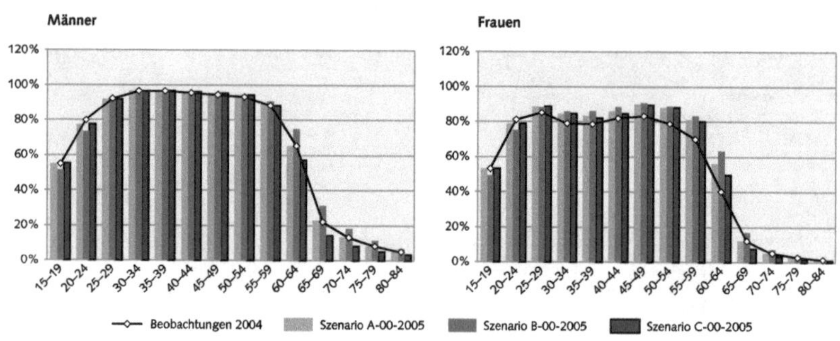

Quelle: BFS/ESPOP

4.1.3.7 Entwicklung der Erwerbsbevölkerung und der Erwerbsbevölkerung in Vollzeitäquivalenten nach Geschlecht gemäss dem mittleren Szenario, 2000–2050 (Index 2004 = 100)

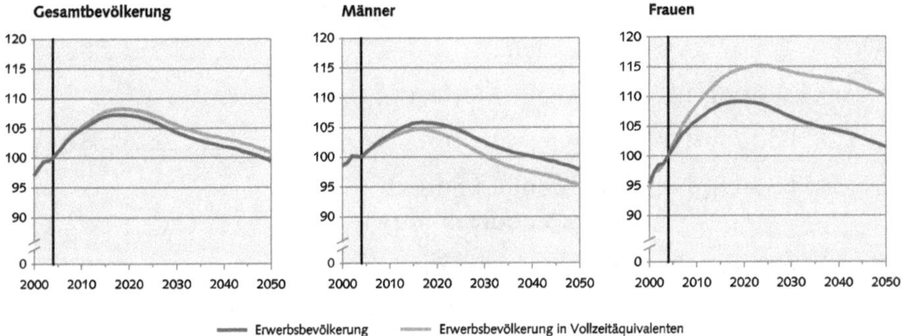

4.1.4 Tabellenverzeichnis

4.1.5 Abbildungsverzeichnis

4.1.6 Quellenverzeichnis

- Szenarien zur Bevölkerungsentwicklung in der Schweiz 2000–2050, Bundesamt für Statistik 2006
- Bevölkerungswachstum und demografische Alterung: ein Blick in die Zukunft - Hypothesen und Ergebnisse der Bevölkerungsszenarien für die Schweiz 2005–2050, Neuchâtel 2006

4.2 Diverse Unterlagen

4.2.1 Online - Fragebogen

Demotivation bei Mitarbeitenden in der Kulturbranche. Auslösende Faktoren und Wege zur Verhinderung.

Beschreibung:
Guten Tag!
Vielen Dank, dass Sie an unserer Umfrage teilnehmen. Die Beantwortung der Fragen wird Sie etwa 10 Minuten in Anspruch nehmen und unserer Forschungsarbeit wertvolle Informationen liefern. Ihre Antworten werden selbstverständlich anonymisiert und nicht zurückverfolgt.
Na, dann: auf geht's!!

Seite 1

1. * **In welchem Beschäftigungsverhältnis sind Sie angestellt?**
   - ○ Vollzeit
   - ○ Teilzeit
   - ○ freischaffend
   - ○ selbständig

2. * **Wie lange sind Sie in der die Kulturbranche tätig?**
   - ○ weniger als 1 Jahr
   - ○ 1-3 Jahre
   - ○ 4-5 Jahre
   - ○ 6-10 Jahre
   - ○ über 10 Jahre

3. **Wie lange sind Sie beim aktuellen Arbeitgeber tätig?**
   - ○ weniger als 1 Jahr
   - ○ 1-3 Jahre
   - ○ 4-5 Jahre
   - ○ 6-10 Jahre
   - ○ über 10 Jahre

Seite 2

4. * **Auf welcher Hierarchiestufe sind Sie tätig?**
   - ○ Angestellte(r)
   - ○ Kader
   - ○ Geschäftsführer(in)
   - ○ Inhaber(in)

5. **Wie hoch ist Ihr Jahressalär?**
   - ○ bis 20'000 CHF
   - ○ 20'001-50'000 CHF
   - ○ 50'001-80'000 CHF
   - ○ 80'001-120'000 CHF
   - ○ über 120'000 CHF
   - ○ ich mache keine Angabe

6. **Wie jung sind Sie?**

- ◯ unter 25
- ◯ 25-30
- ◯ 30-50
- ◯ 50-60
- ◯ über 60

7. *** Ihr Geschlecht?**

- ◯ weiblich
- ◯ männlich

8. *** Wie wichtig ist es für Sie, in der Kulturbranche tätig zu sein?**

- ◯ Sehr wichtig
- ◯ wichtig
- ◯ nicht besonders wichtig
- ◯ unwichtig

9. *** Bitte nennen Sie nachfolgend die DREI wichtigsten potentiellen Faktoren, die Sie theoretisch am meisten demotivieren würden.**

Bitte wählen Sie genau 3 Faktoren aus.

- ☐ Arbeitsinhalt: Ist nicht herausfordernd/sinnvoll
- ☐ Arbeitsinhalt: Ist zu unbestimmt/unter-/überfordernd/macht keinen Spass
- ☐ Arbeitskoordination: Unklare Kommunikation/Aufgaben-/Kompetenzabgrenzungen/Zielbestimmungen
- ☐ Arbeitskoordination: Unproduktive Arbeitssitzungen/ungerechte Arbeitsauslastung
- ☐ Ressourcen: Ungenügende Anzahl, Qualität von Mitarbeitern/Budget
- ☐ Arbeitsdurchführung: Ungünstige Arbeitsbedingungen/zu grosser Zeitdruck
- ☐ Anerkennung: Unbefriedigende Anerkennung/Feedback/unfaire Kritik
- ☐ Verantwortung: Unklar/zu wenig/zu viel/überlappend
- ☐ Organisationskultur: Widersprüche zu eigenen Werten/"Reden" und Verhalten differieren/"Misstrauenskultur"
- ☐ Organisationskultur: Fehlende Leistungsorientierung/Innovations-/Konfliktlösungskultur/Fehlertoleranz
- ☐ Verhältnis zu anderen Abteilungen: Abhängigkeiten/Zielkonflikte/gestörte Kooperation/ungleiche Erfolgs- und Anerkennungschancen
- ☐ Verhältnis zum Team/zu Teamkollegen: Mangelnde Qualifikation/Motivation/Zusammenarbeit
- ☐ Verhältnis zum direkten Vorgesetzten: Mangelnde Fachqualifikation/Motivierung/Förderung/Vorbildfunktion /Zuverlässigkeit
- ☐ Verhältnis zum höheren Management: Mangelhaftes mitarbeiterorientiertes Denken/Vorbild-/Führungs- /Kommunikationsverhalten
- ☐ Unternehmens- /Personalpolitik: Intransparent/widersprüchlich/ständig wechselnd/fehlend bzw. inkonsequent
- ☐ Honorierung: Fehlende Leistungsgerechtigkeit/ zu hohes Einkommensgefälle/Intransparenz/unzureichende, demotivierende Anreizsysteme/Leistungs-/Erfolgsbeteiligung
- ☐ Perspektiven: Wenig zukunftsorientierte Unternehmensvision bzw -strategie
- ☐ Perspektiven: Zu wenig neue, herausfordernde Aufgaben/Entwicklungschancen/Aufstiegsmöglichkeiten
- ☐ Identifikation/Motivation: Fehlende Identifikation mit Management/Team/Unternehmen/Kunden
- ☐ Einflüsse auf das persönliche Leben: Fehlende Balance zwischen Arbeit und Freizeit/Gefährdung physischer und psychischer Gesundheit
- ☐ Sonstige Motivationsbarrieren: Fehlender Unternehmenserfolg/Arbeitsplatz-/Beschäftigungssicherheit/Produkt- /Branchenprobleme
- ☐ __________

10. * **Bitte bewerten Sie die gegenwärtige Stärke jedes Demotivations-Faktors in Ihrer aktuellen Berufssituation:**

Dies ist die anspruchvollste, aber für uns wichtigste Frage. Bitte beurteilen Sie nach den Fragen zur "gegenwärtigen Stärke" zudem, wie wichtig der jeweilige Faktor für Sie ist.

							Gewichtung			
Bewertung	trifft nicht zu	trifft gering zu	trifft mittelstark zu	trifft stark zu	trifft sehr stark zu	nicht beurteilbar	--	-	+	++
Arbeitsinhalt: Ist nicht herausfordernd/sinnvoll	○	○	○	○	○	○	○	○	○	○
Arbeitsinhalt: Ist zu unter-/überfordernd/macht keinen Spass	○	○	○	○	○	○	○	○	○	○
Arbeitskoordination: Unklare Aufgaben-/Kompetenzabgrenzungen /Zielbestimmungen	○	○	○	○	○	○	○	○	○	○
Arbeitskoordination: Unproduktive Arbeitssitzungen/ungerechte Arbeitsauslastung	○	○	○	○	○	○	○	○	○	○
Ressourcen: Ungenügende Anzahl, Qualität von Mitarbeitern/Budget	○	○	○	○	○	○	○	○	○	○
Arbeitsdurchführung: Ungünstige Arbeitsbedingungen/zu grosser Zeitdruck	○	○	○	○	○	○	○	○	○	○
Anerkennung: Unbefriedigende Anerkennung/Feedback/unfaire Kritik	○	○	○	○	○	○	○	○	○	○
Verantwortung: Unklar/zu wenig/zu viel/überlappend	○	○	○	○	○	○	○	○	○	○
Organisationskultur: Widersprüche zu eigenen Werten/"Reden" und Verhalten differieren/ "Misstrauenskultur"/Intransparenz	○	○	○	○	○	○	○	○	○	○
Organisationskultur: Fehlende Leistungsorientierung/Innovations- /Konfliktlösungskultur /Fehlertoleranz	○	○	○	○	○	○	○	○	○	○

11. * **Wenn Sie Bilanz ziehen, wie stark sind Sie insgesamt in/durch Ihre Arbeit...:**

Bewertung	sehr gering	unbedeutend	gering	mittel	stark	sehr stark	nicht beurteilbar
motiviert?	○	○	○	○	○	○	○
durch Demotivations-Faktoren eingeschränkt?	○	○	○	○	○	○	○
im Vergleich zum vorherigen Jahr stärker eingeschränkt?	○	○	○	○	○	○	○

12. * **Können Sie sich vorstellen, dass die folgenden Massnahmen Ihre Motivation erhöhen/stabilisieren?**

Bewertung	Ja, passend	Nein, unpassend	nicht beurteilbar
Job-Rotation (Job-Austausch innerhalb des Unternehmens)	○	○	○
Job-Empowerment (Ausbau der Entscheidungsfähigkeiten)	○	○	○
Management by Objectives in Bezug auf Geschäftserfolg (gemeinsam mit dem/der Vorgesetzten Zielvereinbarungen treffen)	○	○	○
Management by Objectives in Bezug auf persönliche Ziele (gemeinsam mit dem/der Vorgesetzten Zielvereinbarungen treffen)	○	○	○
Feedback-Kultur (Regelmässige Feedback-Sessions)	○	○	○
Monetäre Incentives	○	○	○
Mitarbeiter-Entwicklungs-Massnahmen (Schulungen, gemeinsame Entwicklungs-Ziele)	○	○	○

Schlusstext

Die Umfrage ist nun beendet. Vielen Dank für Ihre Teilnahme.

Verhältnis zu anderen Abteilungen: Abhängigkeiten/Zielkonflikte /gestörte Kooperation/ungleiche Erfolgs- und Anerkennungschancen	○	○	○	○	○	○	○	○	○	○
Verhältnis zum Team/zu Teamkollegen: Mangelnde Qualifikation/Motivation /Zusammenarbeit	○	○	○	○	○	○	○	○	○	○
Verhältnis zum direkten Vorgesetzten: Mangelnde Fachqualifikation/Motivierung /Förderung/Vorbildfunktion /Zuverlässigkeit	○	○	○	○	○	○	○	○	○	○
Verhältnis zum höheren Management: Mangelhaftes mitarbeiterorientiertes Denken/Vorbild-/Führungs- /Kommunikationsverhalten	○	○	○	○	○	○	○	○	○	○
Unternehmens- /Personalpolitik: Intransparent/widersprüchlich /ständig wechselnd/fehlend /inkonsequent	○	○	○	○	○	○	○	○	○	○
Honorierung: Fehlende Leistungsgerechtigkeit/ zu hohes Einkommensgefälle/Intransparenz /unzureichende, demotivierende Anreizsysteme/Leistungs- /Erfolgsbeteiligung	○	○	○	○	○	○	○	○	○	○
Perspektiven: Wenig zukunftsorientierte Unternehmensvision bzw -strategie	○	○	○	○	○	○	○	○	○	○
Perspektiven: Zu wenig neue, herausfordernde Aufgaben/Entwicklungschancen /Aufstiegsmöglichkeiten	○	○	○	○	○	○	○	○	○	○
Identifikation/Motivation: Fehlende Identifikation mit Management/Mitarbeitern /Team/Unternehmen/Kunden	○	○	○	○	○	○	○	○	○	○

Zeitfracht Medien GmbH
Ferdinand-Jühlke-Straße 7
99095 Erfurt, Deutschland
produktsicherheit@kolibri360.de